情報利活用
基本演習

Office 2019対応

日経BP

はじめに

本書はOffice 2019の基本な機能と操作方法を解説しています。作成する機会の多い文書の作成方法、プレゼンテーションに必要なテクニック、集計表やグラフの作成方法などをひととおりマスターできます。また、Windowsの基本的な操作方法も解説しています。
また、Office 2016はOffice 2019と機能および操作方法にほとんど違いがないため、Office 2016を使ってほぼ問題なく本書で学習することもできます。

制作環境

本書は以下の環境で制作・検証しました。
■ Windows 10 Pro（日本語版）をセットアップした状態。
※ ほかのエディションやバージョンのWindowsでも、Office 2019が動作する環境であれば、ほぼ同じ操作で利用できます。
■ Microsoft Office Professional Plus 2019（日本語デスクトップ版）をセットアップし、Microsoftアカウントでサインインした状態。マウスとキーボードを用いる環境（マウスモード）。
■ 画面の解像度を1280×768ピクセルに設定し、ウィンドウを全画面表示にした状態。
※ 環境によってリボン内のボタンが誌面と異なる形状で表示される場合があります。
■ [アカウント]画面で[Officeの背景]を[背景なし]、[Officeテーマ]を[白]に設定した状態。
■ プリンターをセットアップした状態。
※ ご使用のコンピューター、プリンター、セットアップなどの状態によって、画面の表示が本書と異なる場合があります。

表記

・ メニュー、コマンド、ボタン、ダイアログボックスなどで画面に表示される文字は、角かっこ（[ ]）で囲んで表記しています。ボタン名の表記がないボタンは、マウスでポイントすると表示されるポップヒントで表記しています。
・ 入力する文字は「」で囲んで表記しています。
・ 本書のキー表記は、どの機種にも対応する一般的なキー表記を採用しています。2つのキーの間にプラス記号（＋）がある場合は、それらのキーを同時に押すことを示しています。
・ レッスンの冒頭にあるキーワードは、そのレッスンで学習する主な機能です。

おことわり

本書発行後（2019年5月以降）の機能やサービスの変更により、誌面の通りに表示されなかったり操作できなかったりすることがあります。その場合は適宜別の方法で操作してください。

(2)

実習用データ

本書では、基本的にファイルを一から作成していますが、一部の操作では既存のファイルを開く操作が必要になります。実習のために必要なファイルを、以下の方法でダウンロードしてご利用ください。

ダウンロード方法

① 以下のサイトにアクセスします。

   https://bockplus.nikkei.com/atcl/catalog/19/P60130/

② [実習用データと練習・総合問題の解答のダウンロード]をクリックします。

③ 表示されたページにあるそれぞれのダウンロードのリンクをクリックして、適当なフォルダーにダウンロードします。ファイルのダウンロードには日経IDおよび日経BOOKプラスへの登録が必要になります(いずれも登録は無料)。

④ ダウンロードしたzip形式の圧縮ファイルを展開すると[IT-Office2019]フォルダーが作成されます。

⑤ [IT-Office2019]フォルダーを[ドキュメント]フォルダーまたは講師から指示されたフォルダーなどに移動します。

ダウンロードしたファイルを開くときの注意事項

インターネット経由でダウンロードしたファイルを開く場合、「注意——インターネットから入手したファイルは、ウイルスに感染している可能性があります。編集する必要がなければ、保護ビューのままにしておくことをお勧めします。」というメッセージバーが表示されることがあります。その場合は、[編集を有効にする]をクリックして操作を進めてください。

ダウンロードしたzipファイルを右クリックし、ショートカットメニューの[プロパティ]をクリックして、[全般]タブで[ブロックの解除]を行うと、上記のメッセージが表示されなくなります。

実習用データの内容

[IT-Office2019]フォルダーには、以下のフォルダーとファイルが収録されています。

フォルダー名	フォルダー／ファイル名	内容
[IT-Office2019]	[完成例]	本文の完成ファイル、練習問題の完成ファイル([練習問題]フォルダーの中)、総合問題の完成ファイル([総合問題]フォルダーの中)が収められています。必要に応じて別の場所に移動してください。
	[保存用]	操作したファイルを保存するためのフォルダーです。最初は空です。
	使用ファイル	本文や練習問題の実習で使用するファイルです。

ファイルの保存場所

※本文でファイルを開いたり保存したりするときは、具体的なフォルダーの場所を指示していません。実際に操作するときは、上記[IT-Office2019]フォルダーまたはその内容の移動先を指定してください。

本書では[IT-Office2019]フォルダーの保存先を、コンピューターのハードディスクとした状態で解説しています。Officeのファイルの保存先としてはクラウド上のOneDriveも利用できますが、本書では説明を省略しています。

練習問題の解答

本書の各レッスンの終わりにある練習問題、総合問題の解答をダウンロードすることができます。

ダウンロード方法は、上記の「ダウンロード方法」を参照してください。

目次

はじめに		(2)
実習用データ		(3)

Introduction	**コンピューターの基本操作**	**1**
	オペレーティングシステムとアプリケーションソフト	2
	Windows の起動と終了	2
	ウィンドウの操作	4
	ファイルとフォルダーの管理	6
	ファイルの種類と拡張子	10
	ファイルの圧縮と展開	12
	ユーザーアカウントとパスワード	15
	キーボードのレイアウト	16
	キーの機能	17
	ローマ字／かな対応表	18

Chapter1	**文書作成**	**19**
	Word 2019 の画面	20
Lesson1	**文書の作成と管理**	21
	文書の作成を始める前に	22
	新規文書を作成する	23
	文字を入力する	24
	文書を保存する	27
	文字を強調する	29
	文書を印刷する	31
Lesson2	**一般的なビジネス文書の作成**	35
	ビジネス文書の基本ルール	36
	文字列の配置を変更する	39
	インデントで行頭位置を揃える	40
	文字を均等に割り付ける	42
	タブで文字の位置を揃える	42
	人名や地名にルビをふる	45
Lesson3	**シンプルなレポートや報告書の作成**	48
	レポート作成の基本ルール	49
	文字を移動／コピーする	51
	段落に背景色や罫線を設定する	53
	同じ書式を繰り返し設定する	55
	記号や番号付きの箇条書きにする	56
	行や段落の間隔を調整する	58
Lesson4	**表、画像、図形を使った文書の作成**	64
	表を挿入する	65
	表の形や配置を整える	68
	画像を挿入する	71
	画像にスタイルを適用する	73
	図形を作成する	74

Chapter2	**プレゼンテーション**	**79**

	PowerPoint 2019 の画面	80
Lesson5	**プレゼンテーションの企画**	81
	プレゼンテーションの目的を明確にする	82
	聞き手のニーズを予測する	84
	新しいプレゼンテーションを作成する【操作】	85
	表紙を作成する【操作】	88
	新しいスライドを追加する【操作】	89
	文字を入力する【操作】	91
Lesson6	**わかりやすいストーリー構成**	97
	伝えたいメッセージを整理する	98
	ストーリー構成を考える	99
	アウトライン機能でスライドを作成する【操作】	101
	アウトライン機能で構成を編集する【操作】	103
Lesson7	**センスアップするレイアウトデザイン**	107
	スライド全体のデザインを決める	108
	全ページに必要な表記を決める	109
	フォントのレイアウトデザインを決める	110
	テーマを設定して全体デザインを決める【操作】	112
	スライドマスターでデザインを編集する【操作】	115
	テーマを保存する【操作】	119
Lesson8	**イメージを伝えるイラスト・写真活用**	122
	イラストで変化をつける	123
	写真で具体的なイメージを伝える	125
	内容に合ったアイコンを挿入する【操作】	126
	アイコンを編集する【操作】	129
	内容に合ったイラストを貼り付ける【操作】	130
	イラストを編集する【操作】	132
	内容に合った写真を貼り付ける【操作】	133
	写真を編集する【操作】	135

Chapter3	**表計算**	**139**

	Excel 2019 の画面	140
Lesson9	**表作成の基本操作**	141
	新規ブックを作成する	142
	文字や数値を入力する	143
	ブックを保存する	145
	数式を入力する	146
	関数で合計を求める	148
	表の体裁を整える	149
Lesson10	**見やすく使いやすい表にする編集操作**	156
	列幅を調整する	157
	表の構成を変更する	158
	セルを結合する	161
	文字列を縦書きや折り返して表示する	162
	表を見やすくする	163

(5)

	ページレイアウトを設定する	166
Lesson11	**数式・関数を活用した集計表の作成**	170
	相対参照と絶対参照	171
	平均を求める	174
	最大値・最小値を求める	176
	端数を四捨五入する	178
	条件で値を判定する	180
	複数の条件で値を判定する	181
Lesson12	**グラフの基本**	187
	グラフを作成する	188
	グラフの位置やサイズを変更する	191
	グラフのタイトルを入力する	193
	グラフに軸ラベルを追加する	194
	目盛の設定を変更する	197
	グラフ要素の書式を変更する	198
	総合問題　文書作成	202
	総合問題　プレゼンテーション	206
	総合問題　表計算	209
	索引	213

(6)

Introduction
コンピューターの 基本操作

オペレーティングシステムとしてWindows 10を採用しているコンピューターについて、起動と終了の方法、基本的な操作方法を簡単に説明します。

このレッスンのポイント

> オペレーティングシステムとアプリケーションソフト

> Windows の起動と終了

> ウィンドウの操作

> ファイルとフォルダーの管理

> ファイルの種類と拡張子

> ファイルの圧縮と展開

> ユーザーアカウントとパスワード

> キーボードのレイアウト

> キーの機能

> ローマ字／かな対応表

オペレーティングシステムとアプリケーションソフト

●ソフトウェアの種類

ソフトウェアは、オペレーティングシステムと、アプリケーションソフトの2種類に大きく分けられます。ここで説明するWindowsは、オペレーティングシステムの1つです。

・オペレーティングシステム

オペレーティングシステム（Operating System、略してOS）は、コンピューターを動作させるための基本ソフトです。メモリーやディスク、周辺機器などのハードウェアの管理や、ユーザーがコンピューターを操作するための機能の提供などを行います。また、ハードウェアの違いを吸収して、共通のインターフェイスをアプリケーションソフトに対して提供する機能を持っています。

オペレーティングシステムには、WindowsのほかにMac OS（マックオーエス）、Linux（リナックス）などがあります。Windowsはバージョンごとに名前が付いていて、Vista（ビスタ）、7（セブン）、8（エイト）、10（テン）などがあります。

・アプリケーションソフト

文書を作成するといったような、特定の目的を達成するために作られたソフトウェアを、アプリケーションソフトといいます。たとえば、文書作成ソフト、表計算ソフト、プレゼンテーションソフト、データベースソフト、画像編集ソフト、ゲームソフトなどがあります。ユーザーは、必要とするアプリケーションソフトをオペレーティングシステムに組み込んで使用します。アプリケーションソフトは、オペレーティングシステムとともに動作するため、基本的には特定のオペレーティングシステムでしか動作しません。

Windowsの起動と終了

●Windowsの起動

Windowsを起動するには、次のように操作します。

1. コンピューター本体の電源を入れます（デスクトップパソコンの場合はディスプレイの電源も入れます）。
2. Windowsが起動します。

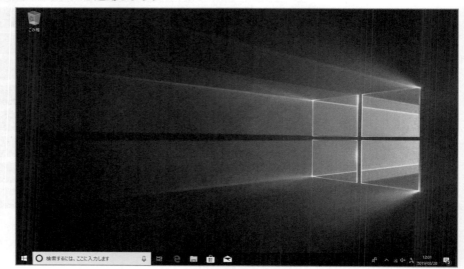

ユーザーの選択

コンピューターに複数のユーザーアカウントを設定している場合は、コンピューター本体の電源を入れると、ユーザーを選択する画面が表示されます。使用するユーザー名をクリックします。

パスワードの入力

コンピューター本体の電源を入れて、パスワードを入力する画面が表示された場合は、パスワードを入力して、矢印ボタンをクリックするか、**Enter**キーを押します。

●Windowsの終了

Windowsを終了するには、次のように操作します。
1. 画面左下の[スタート]ボタンをクリックします。
2. [電源]ボタンをクリックし、[シャットダウン]をクリックします。
3. [シャットダウンしています]というメッセージが表示された後、自動的にパソコンの電源が切れます(デスクトップパソコンの場合、ディスプレイの電源は手動でオフにします)。

Windowsを終了する方法としては、[シャットダウン]のほかに[スリープ]もあります。上の操作2で表示されるメニューで、[シャットダウン]の上にある[スリープ]を選びます。

シャットダウンは、アプリケーションソフトもオペレーティングシステムもすべて完全に終了させる方法です。コンピューターを長時間使わないときに利用します。編集途中で保存していないデータは消えてしまいます。次回コンピューター本体の電源を入れるとオペレーティングシステムが起動します。

スリープは、現在作業中の状態をそのまま保持して、コンピューターの動作を停止状態にする方法です。コンピューターを短時間使わないときに利用します。編集途中のデータは消えません。マウスのクリック、キーの入力、電源スイッチのオンなどの操作によって、元の状態に復帰します。シャットダウンに比べると、短時間で復帰します。ただし、スリープ中もコンピューターは多少の電力を消費しています。

ウィンドウの操作

ウィンドウは、サイズや位置を自由に変更することができます。最小化と最大化、ウィンドウサイズの変更と移動などができます。ここでは、画像編集ソフトの[ペイント]を使って操作方法を説明します。
ペイントを起動するには、画面左下の[スタート]ボタンをクリックします。そうするとアプリケーションの一覧が表示されますので、上下にスクロールして[Windowsアクセサリ]を探し、さらに[Windowsアクセサリ]をクリックして表示された一覧の中から[ペイント]を探してクリックします。

検索機能を使ってペイントを起動する

[スタート]ボタンの右横に[検索するには、ここに入力します]と表示されている検索ボックスがあります。ここに「ペイント」と入力すると自動的に検索が実行され、検索結果の中にある[デスクトップ アプリ]の[ペイント]をクリックします。

●ウィンドウを最小化する

1. [最小化]ボタンをクリックします。

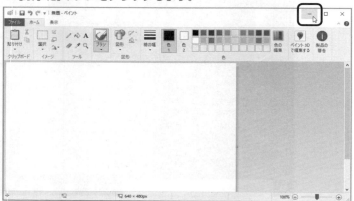

2. ウィンドウが最小化され、タスクバーにボタンの表示だけが残ります。
3. タスクバーのボタンをクリックすると、ウィンドウが元のサイズで復元します。

●ウィンドウを最大化する

1. [最大化]ボタンをクリックします。

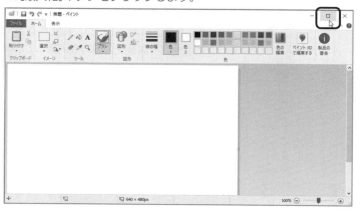

2. ウィンドウが最大化されて、画面全体に表示されます。

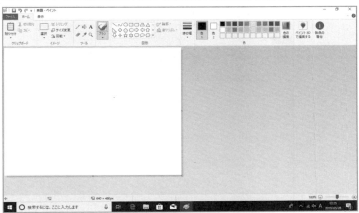

●ウィンドウのサイズを変更する

1. ウィンドウが最大化している状態では、[最大化]ボタンが[元に戻す（縮小）]ボタンに変わっています。このボタンをクリックします。

2. ウィンドウの右下の角をポイントして、マウスポインタが ⤡ の形になったら、左上方向にドラッグします。

●ウィンドウを移動する

1. ウィンドウのタイトルバーをポイントして（マウスポインタは ↖ の形）、ドラッグします。

●ウィンドウを閉じる

1. [閉じる]ボタンをクリックします。

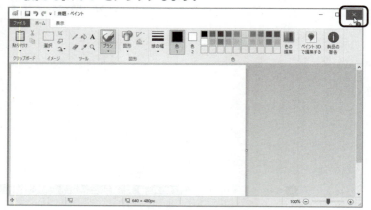

ファイルとフォルダーの管理

・ファイル
作成した文書や表、プレゼンテーションのスライド、デジタルカメラで撮った写真のデータなどを、コンピューターのハードディスクなどに保存するとき、Windowsはデータをファイルという単位で管理します。ファイルには個別に名前を付けます。

・フォルダー
コンピューターを使っていくうちに、ファイルはどんどん増えていくので、目的のファイルを探し出すのが難しくなります。フォルダーというファイルの入れ物があるので、これを使ってファイルを整理します。ファイルの種類や用途ごとにフォルダーを作成して、ファイルを分類して保管するといいでしょう。

●フォルダーの作成
標準の状態でWindowsには「ドキュメント」、「ピクチャ」、「ミュージック」などのフォルダーがあります。これらのフォルダー中にさらにフォルダーを作成することもできます。ここでは、[ドキュメント]の中に「学園祭」という名前の新しいフォルダーを作成しましょう。
「デスクトップ」画面下にあるタスクバーの「エクスプローラー」をクリックし、フォルダーウィンドウを表示させます。ドキュメン以外のフォルダウインドウが開いた場合は、ウィンドウ左側のリストから「ドキュメント」を選んで、ドキュメントフォルダーを表示させます。

1. [ホーム]タブの[新しいフォルダー]ボタンをクリックします。

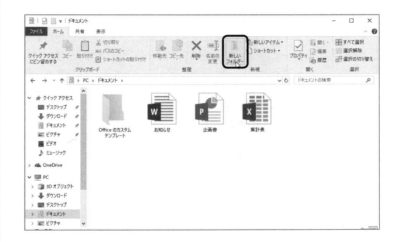

2.「新しいフォルダー」が作成されます。

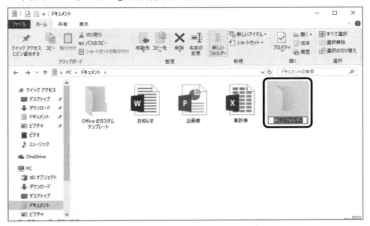

3. フォルダー名「学園祭」を入力します。

●フォルダーウィンドウ

フォルダーのアイコンをダブルクリックすると、フォルダーウィンドウが開きます。フォルダーウィンドウには、その中に保存されているファイルおよびフォルダーがアイコンで表示されます。アイコンの表示方法を変更するには、次のように操作します。

1.［表示］タブを選択します。

2. 必要に応じて、一覧から「中アイコン」、「小アイコン」、「一覧」、「詳細」などを選択します。

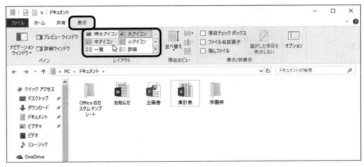

7

●ファイルの移動とコピー

ファイルは別のフォルダーに移動したりコピーしたりできます。移動すると移動元フォルダーにはファイルが残りません。[切り取り]、[貼り付け]という順に操作します。コピーするとコピー元フォルダーにファイルが残ります。[コピー]、[貼り付け]という順に操作します。作成したフォルダー「学園祭」に、ファイルを移動したり、コピーしたりしてみましょう。

・ファイルの移動

[ドキュメント]にある「企画書」ファイルを、「学園祭」フォルダーに移動してみましょう。

1.「企画書」ファイルをクリックします。
2.[ホーム]タブの[切り取り]をクリックします。

3. 移動先の「学園祭」フォルダーを開きます。
4.[ホーム]タブの[貼り付け]をクリックします。

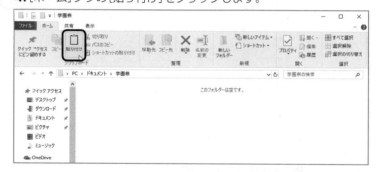

・ファイルのコピー

[ドキュメント]にある「お知らせ」ファイルを「学園祭」フォルダーにコピーしてみましょう。

1.「お知らせ」ファイルをクリックします。
2.[ホーム]タブの[コピー]をクリックします。

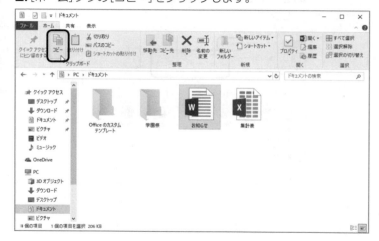

ファイルを新規に作成する

[ホーム]タブの[新しい項目]をクリックして、一覧から[Microsoft Word 文書]や[Microsoft PowerPoint プレゼンテーション]などを選んでクリックし、「お知らせ」や「企画書」といった名前を付けて **Enter** キーを押します。中身が空のファイルでも、移動したりコピーしたりする操作は行えます。

ショートカットメニューを使って移動する

移動したいファイルのアイコンを右クリックして、ショートカットメニューから[切り取り]をクリックします。移動先のフォルダーを開いて、右クリックし、ショートカットメニューから[貼り付け]をクリックします。

ショートカットメニューを使ってコピーする

コピーしたいファイルのアイコンを右クリックして、ショートカットメニューから[コピー]をクリックします。コピー先のフォルダーを開いて、右クリックし、ショートカットメニューから[貼り付け]をクリックします。

3. コピー先のフォルダーを開きます。
4. [ホーム]タブの[貼り付け]をクリックします。

活用

移動やコピーといったファイル操作は、キーボードのショートカットキーで行うこともできます。これらのショートカットキーを使いこなせば、マウス操作よりも素早く効率的にファイル操作を行うことができます。

・ファイル操作のショートカットキー

キー操作	機能
Ctrl+**X**キー	[ホーム]タブの[切り取り]ボタンと同じ
Ctrl+**C**キー	[ホーム]タブの[コピー]ボタンと同じ
Ctrl+**V**キー	[ホーム]タブの[貼り付け]ボタンと同じ
Ctrl+**A**キー	[ホーム]タブの[すべて選択]ボタンと同じ（ビューの中の項目をすべて選択）
Ctrl+**Z**キー	アンドゥ（直前の操作を元に戻す）

活用

ファイルのアイコンを移動したいフォルダーウィンドウまでドラッグすると、ファイルを移動できます。移動先のフォルダーウィンドウが開いていなくても、ファイルのアイコンをフォルダーアイコンに重ねた状態でマウスを離すと、フォルダーに移動できます。**Ctrl**キーを押しながらドラッグすると、移動ではなくコピーになります。
また、ファイルをドラッグしたとき、通常は移動の操作となりますが、ハードディスクドライブからUSBメモリーなど、異なるドライブ間でファイルやフォルダーを移動/コピーする際は、移動ではなくコピーが規定の操作になります。いま行っているドラッグ操作が、ファイルの移動なのか、ファイルのコピーなのかは、[→（場所）へ移動]や[＋（場所）へコピー]の表示を見て判断できます。

・移動の場合の表示　　　　　・コピーの場合の表示

ファイルの種類と拡張子

ファイルにはテキスト、画像、音声、Word文書、Excelワークシートなどさまざまな種類があります。これらはファイル名の末尾に付けられた「拡張子」によって識別されます。

Windowsの初期設定では拡張子が表示されないようになっています。ファイル名を変更する際などに誤って拡張子も変更してしまうと、Windowsがファイルの種類を判断できず、適切なアプリケーションでファイルを開くことができなくなってしまうためです。

拡張子を表示するには、フォルダーウィンドウの[表示]タブの[表示/非表示]にある[ファイル名拡張子]チェックボックスをオンにします。ファイル名の「.」（ドット）より右に表示されているdocx、pptx、xlsxが拡張子です。それぞれWord文書、PowerPointプレゼンテーション、Excelワークシートのファイルを表します。

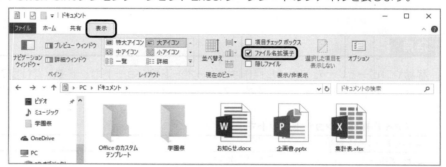

各種アプリケーションで新規にファイルを作成し、名前を付けて保存すると、自動的にファイル名にそれぞれの拡張子が付加されます。Windowsはその拡張子によってファイルの種類を判断し、ダブルクリックしたときに対応するアプリケーションを起動してファイルを読み込みます。

・拡張子の例

拡張子	ファイルの種類
txt	テキストドキュメント
docx	Microsoft Word文書
xlsx	Microsoft Excelワークシート
pptx	Microsoft PowerPointプレゼンテーション
pdf	PDFファイル
mp3	MP3形式の音声ファイル
jpeg	JPEG形式の画像ファイル
png	PNG形式の画像ファイル
bmp	ビットマップ形式の画像ファイル
mp4	MPEG-4形式の動画ファイル

・ファイル名のルール

ファイル名には半角記号の「¥」「/」「?」「:」「*」「"」「>」「<」「|」は使用することができません（入力しようとするとエラーが表示され、入力することができません）。ファイル名には日本語も使用できますが、「℡」「⑭」「㍻」などの環境依存文字は異なる環境で表示させた場合に文字化けや誤作動を引き起こす可能性があるため、使用しないようにします。

・**ファイルのパス**

ファイルの種類や用途ごとにフォルダーを作成して分類する方法について説明しましたが、そのフォルダーやファイルの保存場所のことを「パス」と呼びます。パスは英語のPathで「通り道」などの意味があります。つまり、そのフォルダーやファイルにたどり着くまでの経路を示します。

たとえばCドライブの「work」というフォルダーの中にある「企画案」というフォルダーの中に「学園祭バザー.docx」というWord文書を保存したとします。このファイルのパスは「c:¥work¥企画案¥学園祭バザー.docx」のようにフォルダーの階層を「¥」でつなげて表現します。

ファイルのパスはフォルダーウィンドウでアドレスバーをクリックすると表示されます。またはファイルを右クリックしてショートカットメニューの[プロパティ]をクリックし、表示されたダイアログボックスの「場所」でも確認できます。

「ドキュメント」や「ピクチャ」、デスクトップなどは後述するWindowsのユーザーアカウントごとに管理されているため、たとえば「ドキュメント」にある「学園祭」フォルダーの中の「お知らせ.docx」のパスは「C:¥Users¥ユーザー名¥Documents¥学園祭¥お知らせ.docx」（ユーザー名の部分は現在サインインしているユーザーアカウント名）のようになります。

ファイルの圧縮と展開

画像などサイズが大きいデータを配布する際にファイルサイズを小さくしたい場合があります。また、複数のファイルをネットで配布したりメールに添付したりする際に1つにまとめたい場合があります。その際に使う機能が「圧縮」です。
データの圧縮には「圧縮ソフト」や「アーカイバー」と呼ばれるソフトウェアを使用します。圧縮ソフトでファイルのサイズを小さくしたり1つにまとめたりすることを「圧縮」、逆に元に戻すことを「展開」または「解凍」といいます。圧縮にはさまざまな形式がありますが、Windowsは標準機能でzip形式の圧縮と展開に対応しています。

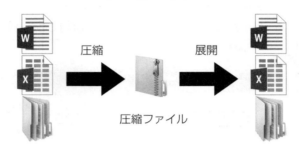

・ファイルの圧縮

Windowsの標準機能を使ってファイルをzip形式で圧縮することができます。複数のファイルを圧縮してみましょう。

1. 圧縮したい1つまたは複数のファイルやフォルダーを選択します。
2. 選択したファイルやフォルダー上で右クリックして、ショートカットメニューの［送る］から［圧縮（zip形式）フォルダー］を選択します。

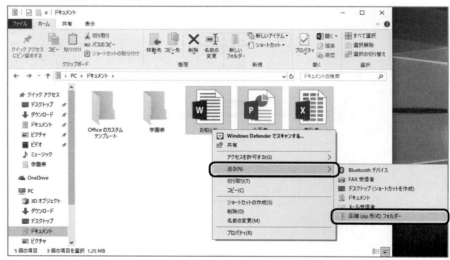

3. 必要に応じて名前を変更して**Enter**キーを押します。

・圧縮ファイルの中身の確認
Windowsの標準設定では、zip形式の圧縮ファイルをダブルクリックすると、圧縮ファイルの中身が表示されます。ここから直接ファイルを開くこともできますが、上書き保存はできません。

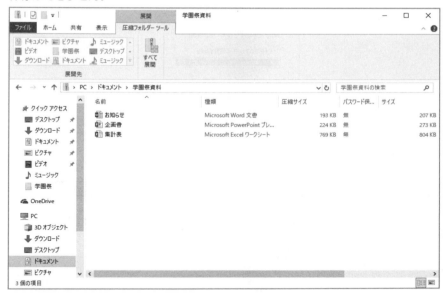

・圧縮ファイルの展開
Windowsの標準機能を使ってzip形式の圧縮ファイルを展開することができます。先ほど圧縮したファイルを展開してみましょう。

1. 圧縮ファイル上で右クリックして、ショートカットメニューの[すべて展開]をクリックします。

13

2. [展開先の選択とファイルの展開]ダイアログボックスで[参照]ボタンをクリックしてファイルの展開先のフォルダーを選択します。

3. [展開]をクリックします。

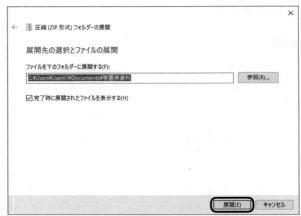

4. 圧縮されていたファイルが展開されます。

ユーザーアカウントとパスワード

コンピューターを利用するには、ユーザーアカウントの作成が必要です。1台のコンピューターを複数の人で使用する場合は、使用者ごとにユーザーアカウントを作成します。ユーザーアカウントを作成すると、ユーザーごとに個別の環境が設定されて、メールやお気に入りなどをユーザーごとに使い分けることができます。

●ユーザーアカウントの種類

ユーザーアカウントには、[管理者]（Administrator）と[標準ユーザー]の2種類があります。管理者は、他のユーザーのフォルダーにアクセスする、アプリケーションソフトをインストールする、新しいユーザーアカウントを作成する、などの権限があります。

●パスワードの変更

他の人に勝手にユーザーアカウントを使われないようにするために、ユーザーアカウントごとにパスワードを設定します。新しいユーザーアカウントの作成やパスワードの変更、アカウントの種類の変更は、[設定]の[アカウント]から行います。ただし、管理者（Administrator）権限のあるユーザーアカウントからでないと、別のユーザーアカウントに関する操作は実行できません。

1. 画面左下の[スタート]ボタンをクリックし、[設定]をクリックします。
2. [アカウント]をクリックします。
3. 左メニューの「サインイン オプション」をクリックし、[パスワード]のところにある[アカウント パスワードの変更]の[変更]ボタンをクリックしてパスワードを変更します。もしアカウントにパスワードを設定していなければ、[変更]ボタンの代わりに[追加]ボタンが表示され、そのボタンをクリックすることで新たにパスワードを設定できます。

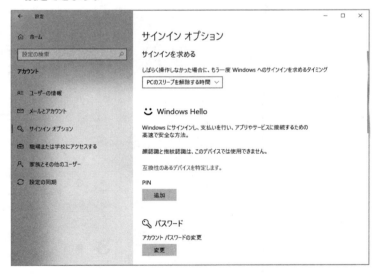

キーボードのレイアウト

注) キーの配置は機種によって多少異なります。

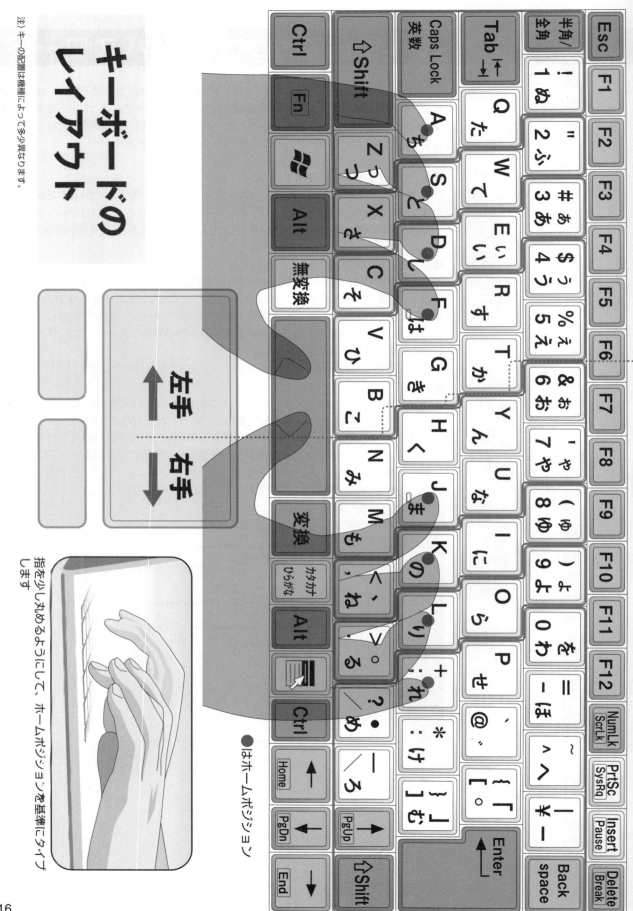

●はホームポジション

指を少し丸めるようにして、ホームポジションを基準にタイプします

ローマ字／かな対応表

	A	I	U	E	O
あ行	あ A	い I	う U	え E	お O
	あ LA	い LI	う LU	え LE	お LO
か行 K	か KA	き KI	く KU	け KE	こ KO
	きゃ KYA	きぃ KYI	きゅ KYU	きぇ KYE	きょ KYO
さ行 S	さ SA	し SI	す SU	せ SE	そ SO
		SHI			
	しゃ SYA	しぃ SYI	しゅ SYU	しぇ SYE	しょ SYO
	SHA		SHU	SHE	SHO
た行 T	た TA	ち TI	つ TU	て TE	と TO
		CHI	TSU		
			っ(注り) LTU		
			XTU		
	ちゃ TYA	ちぃ TYI	ちゅ TYU	ちぇ TYE	ちょ TYO
	CYA	CYI	CYU	CYE	CYO
	CHA		CHU	CHE	CHO
	てゃ THA	てぃ THI	てゅ THU	てぇ THE	てょ THO
な行 N	な NA	に NI	ぬ NU	ね NE	の NO
	にゃ NYA	にぃ NYI	にゅ NYU	にぇ NYE	にょ NYO
は行 H	は HA	ひ HI	ふ HU	へ HE	ほ HO
			FU		
	ひゃ HYA	ひぃ HYI	ひゅ HYU	ひぇ HYE	ひょ HYO
	ふぁ FA	ふぃ FI		FE	ふぉ FO
ま行 M	ま MA	み MI	む MU	め ME	も MO
	みゃ MYA	みぃ MYI	みゅ MYU	みぇ MYE	みょ MYO

	A	I	U	E	O
や行 Y	や YA	い YI	ゆ YU	いぇ YE	よ YO
	や LYA	い LYI	ゆ LYU	え LYE	よ LYO
ら行 R	ら RA	り RI	る RU	れ RE	ろ RO
	りゃ RYA	りぃ RYI	りゅ RYU	りぇ RYE	りょ RYO
わ行 W	わ WA	うぃ WI	う WU	うぇ WE	を WO
ん N	ん NN	ん N			
が行 G	が GA	ぎ GI	ぐ GU	げ GE	ご GO
	ぎゃ GYA	ぎぃ GYI	ぎゅ GYU	ぎぇ GYE	ぎょ GYO
ざ行 Z	ざ ZA	じ ZI	ず ZU	ぜ ZE	ぞ ZO
		JI			
	じゃ ZYA	じぃ ZYI	じゅ ZYU	じぇ ZYE	じょ ZYO
	JA		JU	JE	JO
だ行 D	だ DA	ぢ DI	づ DU	で DE	ど DO
	ぢゃ DYA	ぢぃ DYI	ぢゅ DYU	ぢぇ DYE	ぢょ DYO
	でゃ DHA	でぃ DHI	でゅ DHU	でぇ DHE	でょ DHO
ば行 B	ば BA	び BI	ぶ BU	べ BE	ぼ BO
	びゃ BYA	びぃ BYI	びゅ BYU	びぇ BYE	びょ BYO
ぱ行 P	ぱ PA	ぴ PI	ぷ PU	ぺ PE	ぽ PO
	ぴゃ PYA	ぴぃ PYI	ぴゅ PYU	ぴぇ PYE	ぴょ PYO
ヴぁ行 V	ヴぁ VA	ヴぃ VI	ヴ VU	ヴぇ VE	ヴぉ VO

注1) 促音は後ろに子音を2つ続ける（例：だった→DATTA）

Chapter **1**

文書作成

Lesson**1**	文書の作成と管理 —————————— 21
Lesson**2**	一般的なビジネス文書の作成 ————— 35
Lesson**3**	シンプルなレポートや報告書の作成 —— 48
Lesson**4**	表、画像、図形を使った文書の作成 —— 64

Word 2019の画面

Word 2019の画面の各部の名称を確認しましょう。

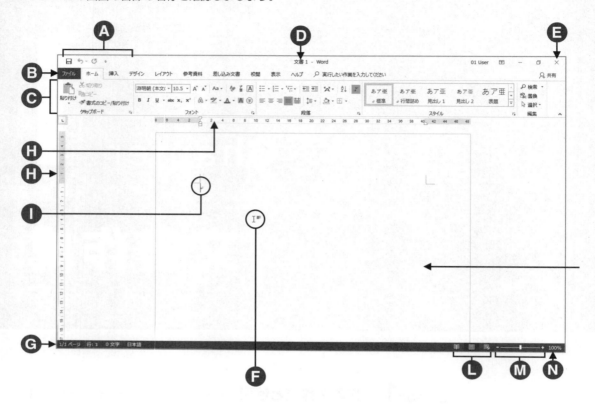

A クイックアクセスツールバー
［上書き保存］［元に戻す］ボタンなど、よく利用するボタンが配置されています。

B ［ファイル］タブ
クリックすると、［新規］［開く］［名前を付けて保存］［印刷］などの画面が表示され、ファイルに関する操作ができます。

C リボン
操作で使用できるコマンドがグループごとに整理され、タブごとにまとめられています。

D タイトルバー
アプリケーション名やファイル名などが表示されます。

E 閉じるボタン
アプリケーションを終了するときに使用します。複数ファイルを開いている場合は、アクティブなファイルだけを閉じます。

F マウスポインター
ポイントする場所や状況によって形が変わります。

G ステータスバー
選択されたコマンドや実行中の操作に関する説明など、状況に合わせた情報が表示されます。

H ルーラー
上下左右の余白、タブやインデントの位置、表の行の高さや列の幅などを表示します。

I カーソル
点滅している縦棒のことで、カーソルの位置に文字や表などが挿入されます。

J スクロールバー
現在画面に表示されていない部分を表示する（スクロールする）場合に使用します。

K 文書ウィンドウ
文書を作成するためのウィンドウです。

L 表示選択ショートカット
画面の表示モードを切り替えられます。

M ズームスライダー
画面の表示倍率を調整します。

N ズーム
現在の表示倍率が表示されています。クリックすると［ズーム］ダイアログボックスが開きます。

20

Lesson 1 文書の作成と管理

Wordは文書を作成するためのアプリ（アプリケーション）です。ここでは、文字の入力、文字の書式の設定、文書の保存と印刷など、Wordで文書を作成し、管理するための最も基本となる手順や操作を学習します。

キーワード

□□ページ設定
□□名前を付けて保存
□□上書き保存
□□文書を開く
□□フォント、サイズ、色
□□太字
□□下線
□□印刷
□□印刷プレビュー

このレッスンのポイント

▶ 文書の作成を始める前に
▶ 新規文書を作成する
▶ 文字を入力する
▶ 文書を保存する
▶ 文字を強調する
▶ 文書を印刷する

完成例（ファイル名：桜高校同窓会のお知らせ.docx）

同窓会のお知らせ

若葉の鮮やかな季節となりました。皆様にはお変わりなく、それぞれの分野でご活躍のことと存じます。
はやいもので、私たちが桜高校を卒業して5年がたちました。
このたび、下記のとおり3年2組の同窓会を開催することになりました。
当日は、担任の山本先生もご出席くださいます。ご多忙中とは存じますが、多数の参加を心よりお待ちしております。

記
【日時】6月25日（土）□午後6時〜8時
【会場】グリーンウッドホテル□3階「蕨の間」
　→　〒100-0001□東京都千代田区千代田0-0-1
　→　☎03-0000-0000
【会費】7,000円（当日受付にて）

以上

準備の都合上、同封のハガキかメールにて**6月4日（土）**までに出欠をお知らせください。

幹事：中村昇太（snakamura@sakuraxx.jp）、佐藤奈緒（nsatou@sakuraxx.jp）

文書の作成を始める前に

文書の主な役割は、「情報を伝える」ことと「記録を残す」ことです。そのため、文書を作成するときは、次のような点がポイントとなります。

- **内容が正確であること**
  誤字や脱字、記載している情報の誤りがないようにします。
- **内容が理解しやすいこと**
  重要な部分がわかりやすいよう書式やレイアウトを工夫し、過度な装飾は避けます。
  文体（常体・敬体）や書式を揃えて、文書全体に統一感を持たせます。
  文字だけでなく、表やグラフ、図などを使用してわかりやすく情報を伝えます。
- **TPOに適した文書であること**
  文書の目的に合わせて、言葉や文体、設定する書式などを使い分けます。
  ビジネス文書など定型的なルールがあるものは、ルールに沿って作成します。

> **TPOとは**
> Time（時間）、Place（場所）、Occasion（場合）の頭文字をとった略語で、状況に合わせた適切な行動や服装、言葉遣いをするという考え方のことです。

Wordで文書を作成するときの基本的な流れは次のようになります。

| ページ設定 | 作成する文書の用紙のサイズや余白、印刷する向きなど、ページのレイアウトを設定します。 |

| 文字の入力 | 文字を入力します。 |

| 文書の保存 | 文書に名前を付けて保存します。 |

| 文書の編集 | 文字のサイズや書体、色、配置などの設定を行い、文書の体裁を整えます。
必要に応じて表やグラフを作成したり、図を追加したりします。 |

| 上書き保存 | 文書を上書き保存します。 |

| 文書の配布、保管 | 印刷する、メールに添付して送信するなど、文書を必要な形式で配布または保管します。 |

新規文書を作成する

Wordを起動すると、スタート画面が表示され、[白紙の文書]をクリックすると新規文書が作成できる状態になります。文字の入力を始める前に、作成する文書の用紙のサイズ、余白、印刷や文字の方向、1行に入力できる文字数、1ページに入力できる行数といったページのレイアウトの設定（「ページ設定」）をします。

●Wordの起動
1. Wordを起動します。
2. [白紙の文書]をクリックすると、新規文書が表示されます。

●ページのレイアウトの設定
ページのレイアウトは、[ページ設定]ダイアログボックスで設定します。ここでは、次のように設定します。

　用紙サイズ：「B5」　　余白：上下左右「25mm」　　印刷の向き：「縦」
　文字方向：「横書き」　文字数：「32」　　　　　　行数：自動設定

1. [レイアウト]タブの[ページ設定]グループ右下の 🔲 [ページ設定]ボタンをクリックします。

2. [ページ設定]ダイアログボックスの[用紙]タブをクリックし、[用紙サイズ]ボックスの▼をクリックして、[B5]をクリックします。
3. [余白]タブをクリックし、[印刷の向き]が[縦]になっていることを確認します。
4. [余白]の[上][下][左][右]の各ボックスをそれぞれ「25mm」に設定します。
5. [文字数と行数]タブをクリックし、[方向]が[横書き]になっていることを確認します。
6. [文字数と行数を指定する]をクリックし、[文字数]ボックスを「32」に設定し、[行数]ボックスは自動設定のまま変更しないで、[OK]をクリックします。
7. ページのレイアウトが設定されます。

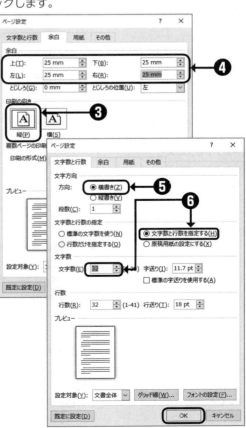

[ファイル]タブからの新規文書の作成

文書ウィンドウが表示されている状態で別の文書を新規作成する場合や、登録されているテンプレート（ひな形）を使って新規文書を作成する場合は、[ファイル]タブをクリックし、[新規]をクリックして[白紙の文書]を選択するか、使用したいテンプレートを選択し[作成]をクリックします。なお、新規文書は**Ctrl+N**キーを押しても作成できます。

行数の設定

Word 2019の標準フォント（書体）の「游明朝」では、行数を増やすと行間隔が広がってしまう場合があります。ここでは自動設定される行数のまま変更しないようにします。

用紙サイズの表示

設定されているプリンターによって、[用紙サイズ]ボックスの▼をクリックしたときに一覧に表示される用紙サイズの種類と名称が異なります。[B5]は[B5 182×257mm]、[JIS B5]、[B5 (JIS)（182×257mm)]などと表示される場合があります。

ページ設定のタイミング

ページ設定は文書の作成中や作成後など、いつでも行えますが、後から設定を変更すると、文字や図の位置など、文書のレイアウトが変わってしまうことがあります。作成前に文書の内容や量を考慮して大まかに設定しておき、後で微調整すると効率的です。

文字を入力する

文書を作成するときは、文字を入力してから、文字のサイズや配置などを変更します。なお、日本語を入力するには、「Microsoft IME」という日本語入力システムを使用します。このシステムの設定はデスクトップのタスクバーのMicrosoft IMEのアイコンから行います。

●入力の準備

入力を始める前に、スペースを入力した箇所やカーソルが何行目にあるかがわかりやすいように、次のように画面の設定を変更しておきます。

・編集記号を表示する

[ホーム]タブの ¦ [編集記号の表示/非表示]ボタンをクリックしてオンにします。

・行番号を表示する

ステータスバーの上で右クリックし、ショートカットメニューの[行番号]をクリックしてチェックが付いた状態にします。

●入力

「◆入力時のポイント」を参照しながら、次のように文字を入力しましょう。

同窓会のお知らせ↵

若葉の鮮やかな季節となりました。皆様にはお変わりなく、それぞれの分野でご活躍のことと存じます。↵
はやいもので、私たちが桜高校を卒業して5年がたちました。↵
このたび、下記のとおり3年2組の同窓会を開催することになりました。当日は、担任の山本先生もご出席くださいます。ご多忙中とは存じますが、多数の参加を心よりお待ちしております。↵
↵
記
【日時】6月25日（土）□午後6時～8時↵
【会場】グリーンウッドホテル□3階「蕨の間」↵
　→　〒100-0001□東京都千代田区千代田0-0-1↵
　→　☎03-0000-0000↵
【会費】7,000円（当日受付にて）↵
　　　　　　　　　　　　　　　　　　　　　　以上↵
↵
準備の都合上、同封のハガキかメールにて6月4日（土）までに出欠をお知らせください。↵
幹事：中村昇太（snakamura@sakuraxx.jp）、佐藤奈緒（nsatou@sakuraxx.jp）↵

◆入力時のポイント

・↵（段落記号）の位置では、**Enter**キーを押して改行します。
・□（空白記号）の位置では、スペースキーを押して空白を入力します。
・→（タブ記号）の位置では、**Tab**キーを押して行頭を下げます。
・数字は半角で入力します。
・「記」と入力して**Enter**キーを押すと、入力オートフォーマット機能によって自動的に「記」が行の中央に配置され、2行下の行の右端に「以上」と入力されます。
・【】、～、〒は、「かっこ」、「から」「ゆうびん」と読みを入力して変換します。
・☎は、[挿入]タブの Ω記号と特殊文字 [記号と特殊文字]ボタンを使って入力します（「●記号の入力」参照）。
・読みのわからない漢字は手書き入力します（「●手書き入力」参照）。

同音異義語

同音異義語がある漢字で、変換候補の横に辞書アイコン が表示されているものは、その候補に選択対象を示す水色表示を合わせると、語句の意味や用例が表示されます。

メールアドレスの入力

メールアドレスを入力して**Enter**キーを押すと、ハイパーリンクが設定され、文字の色が変わり下線が引かれます。ここをクリックするとメールアプリが起動し、メールアドレスが宛先に表示された状態の新規メール作成画面が表示されます。ハイパーリンクを削除するには、ハイパーリンクが設定されている箇所を右クリックし、ショートカットメニューの[ハイパーリンクの削除]をクリックします。

記号のフォント

記号によっては、読みを入力して変換した場合と[記号と特殊文字]ボタンから入力した場合で違う種類のフォントになり、サイズや形状が異なる場合があります。

●記号の入力

【】、～、〒など一般的な記号は、読みを入力して変換できます（下図）。また、「きごう」と入力して変換すると、多くの変換候補から記号を選択できます。

読みから変換できる記号の例

読み	記号	読み	記号
かっこ	【】『』〈〉()など	やじるし	↑↓←→⇒⇔
まる	●○◎①など	おなじ	々〃ゝゞヽヾ
さんかく	▲▼△▽∴∵	すうがく	∞±×÷≠≧≦など
しかく	■□◆◇	たんい	°℃cm km ㎡ ㌔ ㌍ ¢ £ など
ほし	★☆※＊	おんぷ	♪

☎のように読みから入力できない記号は、[挿入]タブの[Ω 記号と特殊文字▼][記号と特殊文字]ボタンをクリックし、表示された一覧からクリックして入力します。[その他の記号]をクリックすると、[記号と特殊文字]ダイアログボックスが表示され、一覧にない記号を選択できます。

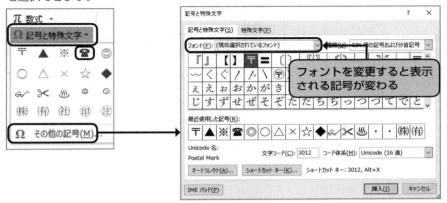

●住所の入力

郵便番号を「-」（ハイフン）で区切って入力し変換すると、変換候補の一覧に該当する住所が表示され選択できます。

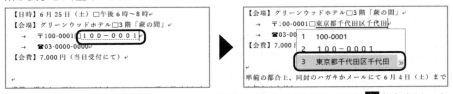

住所変換がされない場合は、タスクバーのMicrosoft IMEのアイコン[あ]を右クリックし、ショートカットメニューの[プロパティ]をクリックします。表示される[Microsoft IMEの設定]ダイアログボックスの[詳細設定]をクリックすると、[Microsoft IMEの詳細設定]ダイアログボックスが表示されるので[辞書/学習]タブの[システム辞書]の[郵便番号辞書]にチェックが入っていることを確認してください。

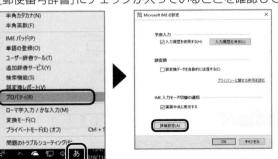

●手書き入力

読みのわからない漢字があるときは、IMEパッドの手書き入力機能を使って入力できます。ここでは、「蕨」という文字を例に説明します。

1. 文字を入力する位置にカーソルを移動し、タスクバーのMicrosoft IMEのアイコン あ を右クリックし、ショートカットメニューの[IMEパッド]をクリックします。
2. [IMEパッド]ダイアログボックスの [手書き]ボタンをクリックし、[ここにマウスで文字を描いてください]と表示されているエリアに、入力したい文字をマウスでドラッグしながら描きます。
3. 右側に表示された候補の中から、該当する漢字をクリックします。

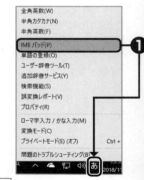

漢字の読みの確認

[IMEパッド-手書き]ダイアログボックスの右側の一覧の漢字にマウスポインターを合わせると漢字の読みがポップアップで表示されます。

総画数、部首から漢字を探す

[IMEパッド]ダイアログボックスの 画 [総画数]ボタンや 部 [部首]ボタンをクリックすると、読みのわからない漢字を総画数や部首から探して入力できます。

4. 文書中に文字が入力されます。
5. ✕ 閉じるボタンをクリックして、[IMEパッド-手書き]ダイアログボックスを閉じます。

活用

IMEには、単語登録の機能があり、会社名やメールアドレスなどよく入力する長い単語は、登録しておくと短い読みを入力するだけで簡単に入力できます。登録は以下の手順で行います。

1. タスクバーのMicrosoft IMEのアイコン あ を右クリックし、ショートカットメニューの[単語の登録]をクリックします。
2. [単語の登録]ダイアログボックスの[単語]ボックスに登録したい単語を入力します。
3. [よみ]ボックスに登録したい読みを入力します。
4. [品詞]の一覧で登録する単語の分類を指定します。たとえばメールアドレスを「めあど」と短縮して登録する場合は、[短縮よみ]を選択します。
5. [登録]をクリックし、[閉じる]をクリックします。

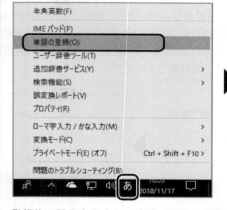 

登録後、読みを入力して変換すると、単語が入力できます。

文書を保存する

作成した文書には、わかりやすい「名前を付けて保存」します。Windows 10にMicrosoftアカウントでサインインしている場合は、作成した文書はOneDriveに保存されます。OneDriveはマイクロソフトが提供する無料で使えるWeb上のデータ管理サービスです。本書ではOneDriveではなく、使用しているコンピューター内のフォルダーを用意し、その中に保存します。

●文書の保存
ここでは、練習として「桜高校同窓会のお知らせ」という名前で文書を保存します。

1. [ファイル]タブをクリックし、[名前を付けて保存]をクリックします。
2. 保存するフォルダーを指定します。
3. [名前を付けて保存]ダイアログボックスが表示されたら、[ファイル名]ボックスに「桜高校同窓会のお知らせ」と入力し、[保存]をクリックします。

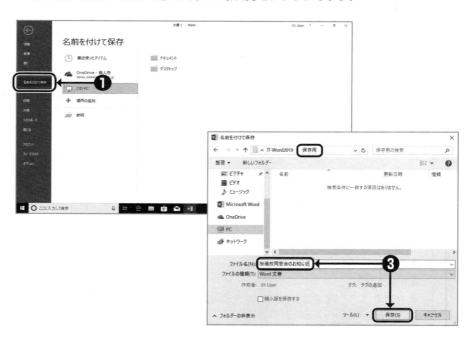

ファイルの種類
[ファイルの種類]に表示されている[Word文書]は、Word 2007以降の共通のファイル形式です。

フォルダーの作成
フォルダーを新しく作成する場合は、[ファイルの場所]ボックスにフォルダーを作成する場所が表示されている状態で、[新しいフォルダー][新しいフォルダー]ボタンをクリックします。

クイックアクセスツールバー
クイックアクセスツールバーは、[ファイル]タブの上にあります。

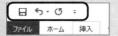

4. 文書が「桜高校同窓会のお知らせ」という名前で保存されます。文書に名前を付けて保存すると、タイトルバーにその文書の名前が表示されます。

●上書き保存
一度保存した文書に編集を加えたあと、「上書き保存」して更新するときは、クイックアクセスツールバーの [上書き保存]ボタンをクリックします。操作ミスや停電など予期せぬトラブルで文書が失われることもあるので、こまめに上書き保存する習慣を身に付けましょう。

最近使った文書
[開く]画面の右側の[最近使ったアイテム]には、最近使用した文書の一覧が表示されます。目的の文書がここにある場合はクリックするとすぐに開きます。

●文書を閉じる
Wordを起動したまま、開いている文書だけを閉じる場合は、[ファイル]タブをクリックし、[閉じる]をクリックします。
Wordを終了する場合は、画面右上の × 閉じるボタンをクリックします。

●文書を開く
保存した「文書を開く」ときは、次のように操作します。

1. [ファイル]タブをクリックし、[開く]をクリックします。
2. 文書が保存されているフォルダーを指定します。
3. [ファイルを開く]ダイアログボックスが表示されたら、一覧から開きたい文書をクリックして、[開く]をクリックします。

> **活用**
>
> Wordで作成した文書を開くには基本的にWordが必要ですが、スマートフォンなどでは多くの場合Wordがインストールされていません。このような場合、文書をPDF形式で保存するとよいでしょう。PDF形式のファイルを開く機能を持つアプリは現在ほとんどのコンピューターやスマートフォンが備えています。PDF形式で保存するには次のように操作します。
> 1. [ファイル]タブをクリックし、[名前を付けて保存]をクリックします。
> 2. 保存するフォルダーを指定します。
> 3. [名前を付けて保存]ダイアログボックスが表示されたら、ファイル名を指定します。
> 4. [ファイルの種類]ボックスをクリックし、[PDF]をクリックして[保存]をクリックします。
>
>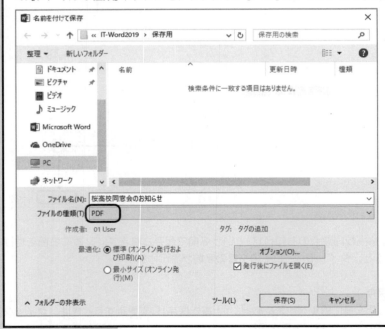

文字を強調する

Wordの初期設定で文字を入力すると、文字のサイズは「10.5」ポイント、フォント（文字の書体）は「游明朝」になります。タイトルや見出し、キーワードなど目立たせたい文字は、文字のサイズやフォント、色を変える、太字にする、下線を引くなどの書式を設定して強調します。

ポイント(pt)
文字のサイズや線の太さを表す単位です。1ポイントは、0.35mmです。

●操作対象の選択
Wordで書式の設定などの操作を行うときは、まず操作の対象を選択します。

・「文字単位」で選択
マウスポインターの形が I の状態で選択する範囲をドラッグします。

選択の解除
選択している範囲以外の場所をクリックします。

・「行単位」で選択
選択する行の左側の余白をマウスポインターの形が ⤢ の状態でクリックします。複数行を選択するときは、左側の余白を選択したい位置までドラッグします。

・「段落単位」で選択
「段落」とは、前の ↵（段落記号）の次の文字から ↵ までの一区切りをいいます。段落単位で選択するときは、段落の左側の余白をマウスポインターの形が ⤢ の状態でダブルクリックするか、選択したい段落内にカーソルを移動してマウスポインターの形が I の状態で3回続けてクリックします。

・「複数の範囲」を同時に選択
1つ目の範囲を選択したあと、**Ctrl**キーを押しながら2つ目以降の範囲を選択します。

29

リアルタイムプレビュー

一覧のサイズにマウスポインターを合わせると、選択している文字が一時的にそのサイズで表示され、設定後のイメージを確認できます。このリアルタイムのプレビュー機能は、フォントサイズの設定以外にもさまざまな場面で有効になります。

ミニツールバー

文字列を選択すると、書式を設定するためのミニツールバーが表示されます。これを使用してもリボンと同様の設定ができます。

フォントの色の解除

解除したい範囲を選択し、もう一度[フォントの色]ボタンの▼をクリックして、一覧から[自動]をクリックします。

太字、下線の解除

解除したい範囲を選択し、もう一度ボタンをクリックしてオフにします。

書式のクリア

設定した書式をまとめて解除するときは、解除したい範囲を選択し、[ホーム]タブの[すべての書式をクリア]ボタンをクリックします。

元に戻す

操作を間違ったときは、クイックアクセスツールバーの[元に戻す]ボタンをクリックします。クリックするごとに、直前に行った操作を1操作ずつ取り消すことができます。

●文字の強調

ここでは、1行目の「同窓会のお知らせ」の「フォントサイズ」を「14」ポイント、「フォント」を「MS Pゴシック」、「フォントの色」を「標準の色」の「濃い赤」に変更します。また、18行目の「6月4日（土）」を「太字」にした後、二重線の「下線」を設定します。

1. 1行目を選択します。

2. [ホーム]タブの[フォントサイズ]ボックスの▼をクリックし、一覧から[14]をクリックします。

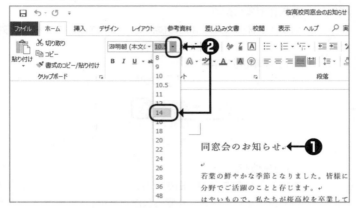

3. [ホーム]タブの[フォント]ボックスの▼をクリックし、一覧から[MS Pゴシック]をクリックします。

4. [ホーム]タブの[フォントの色]ボタンの▼をクリックし、[標準の色]の一覧から[濃い赤]をクリックします。

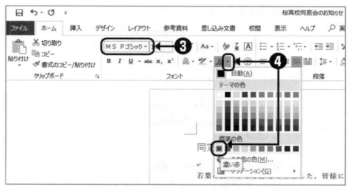

5. 18行目の「6月4日（土）」の文字列を選択します。

6. [ホーム]タブの[太字]ボタンをクリックします。

7. [ホーム]タブの[下線]ボタンの▼をクリックし、一覧から[二重下線]をクリックします。

8. クイックアクセスツールバーの[上書き保存]ボタンをクリックして、文書を上書き保存します。

活用

[ホーム]タブの[フォント]グループには、囲み線、斜体、蛍光ペンの色、文字の網かけなど、他にも文字を強調する機能がいろいろ用意されています。また、文字に影や反射、光彩などを設定できる「文字の効果と体裁」機能もあります。それぞれ設定して確認してみましょう。
また、[ホーム]タブの[フォント]グループ右下の[フォント]ボタンをクリックして、[フォント]ダイアログボックスを表示すると、フォントやサイズをまとめて設定できるほか、傍点や二重取り消し線などリボンにない文字飾りも設定できます。

文書を印刷する

「印刷」のイメージを画面に表示する機能を「印刷プレビュー」といいます。Word 2019 では、印刷の設定・実行画面に印刷プレビューが表示されます。印刷プレビューを確認してから印刷を実行することで、印刷ミスや用紙の無駄遣いを防ぐことができます。

1. [ファイル]タブをクリックし、[印刷]をクリックします。
2. [印刷]画面の右側の領域に印刷プレビューが表示されます。ページ数が2ページ以上ある場合は、ページ番号が表示されている部分に直接ページを入力するか、左右の三角ボタンをクリックして、他のページの印刷プレビューを表示できます。また、右下に表示されているズームスライダーをドラッグするか、＋[拡大]ボタン、－[縮小]ボタンをクリックして、印刷プレビューを拡大、縮小することができます。
3. [印刷]画面の左側の領域では、印刷に関する各種の設定を行い、印刷を実行することができます。印刷する部数や範囲などを設定し、[印刷]ボタンをクリックすると、印刷が実行されます。

活用

印刷するページを指定したい場合は、[ページ]の右側のボックスに直接ページ番号を入力します。連続したページは「2-4」のように「-」（ハイフン）でつないで指定します。離れたページは「1,3,6」のように「,」（カンマ）で区切って指定します。

練習問題

1 文書を新規作成し、次のようにページ設定をしましょう（指定のないものは既定の設定のままにします）。
用紙サイズ：「B5」　余白：上下「30mm」、左右「25mm」
文字数：「36」　行数：自動設定

2 次のように文字を入力しましょう。

```
このたびは当社製品をご購入いただきありがとうございます。
以下の注意事項をよくお読みになり、末永くご愛用ください。

≪ご使用上のご注意≫
磁気式の留め金具にキャッシュカードや自動改札用の定期券などを近づけますと、
磁気の影響で使用できなくなることがありますので、お気をつけください。

≪お手入れについてのご注意≫
汚れやほこりは、柔らかい布でやさしくふきとってください。
水やお湯での丸洗い、シンナーやベンジンのご使用は避けてください。

≪保管についてのご注意≫
直射日光・高温多湿を避けて保管してください。

■製品に関するお問い合わせ■
株式会社柚口お客様ご相談センター
〒110-0002□東京都台東区上野桜木1-0-1
☎03-0000-0002（受付時間9:00～18:00）
✉info@xxx.co.jp
```

記号の入力

「✉」は、［記号と特殊文字］ダイアログボックスで［フォント］を［Wingdings］にすると一覧に表示され、入力できます。

3 1～2、4、8、12、15～19行目のフォントサイズを「12」ポイント、フォントを「HG丸ゴシックM-PRO」にしましょう。

4 4、8、12行目のフォントの色を「テーマの色」の「オレンジ、アクセント2」にしましょう。

5 15行目を太字にしましょう。

6 文書を「B-L01-01」という名前で保存しましょう。

1 文書を新規作成し、次のように文字を入力しましょう。

```
回覧
♪歓迎会のお知らせ♪
ご周知のとおり、今年は我が企画課に待望の新人2名が配属されました。
つきましては、以下のとおり歓迎会を開催します。お互いに親睦を深めながら、企画課がよ
り盛り上がるような楽しい会にしたいと考えておりますので、ぜひご参加ください。

日時：4月10日（月）18:00～
会場：和風ダイニング「坂」（地下鉄天谷駅3番出口から徒歩3分）

◆参加・不参加のいずれかにご記名のうえ、ご回覧ください。
参加の方：
不参加の方：

お問い合わせは、栢木（内線1423）までお願いします。
```

文書の改行位置

プリンターの設定によっては改行位置が異なることがあります。

2 1行目のフォントサイズを「16」ポイント、太字にし、囲み線、文字の網かけを設定しましょう。

3 2行目のフォントサイズを「18」ポイント、太字にしましょう。

4 10行目を太字にしましょう。

5 10行目の「いずれかにご記名」に傍点（・）を設定しましょう。

6 14行目の「栢木（内線1423）まで」に波線の下線を設定しましょう。

7 文書を「B-L01-02」という名前で保存しましょう。

33

1 文書を新規作成し、次のように文字を入力しましょう。2行目と4行目の□部分はスペースを入力します。

```
Cooking Workshop
□□□□□□□□□□□□□□□□□□□□□□□□□□□□□□□
旬の食材でエコ・クッキング！！
□□□□□□□□□□□□□□□□□□□□□□□□□□□□□□□

食材を無駄なく使う、電気やガスを大切にする、水を汚さない、
地球にやさしく、経済的なエコ・クッキングを始めてみませんか？

日時：4月14日（木）10:30～12:30
会場：教育学部1号館3F□調理実習室
講師：鞍田□由美子先生（教育学部）
定員：30名（事前申し込み・先着順）
参加費：1,000円
メニュー：春野菜のスープ
サーモンのソテー
フランスパン
豆腐ティラミス

【お申し込み・お問い合わせ先】
料理サークル"リヨン"□代表□望月□麻衣香
ryouri-lyon@abcxx.co.jp
```

2 1行目のフォントサイズを「24」ポイント、フォントを「Arial Black」、フォントの色を「テーマの色」の「ブルーグレー、テキスト2」にしましょう。

3 3行目のフォントサイズを「28」ポイント、フォントを「HGP創英角ゴシックUB」、フォントの色を「テーマの色」の「オレンジ、アクセント2、黒＋基本色25％」にしましょう。

4 2行目と4行目のスペースに文字の網かけを設定しましょう。

5 6～7行目のフォントサイズを「14」ポイント、フォントを「MS Pゴシック」にしましょう。

6 9～21行目のフォントサイズを「14」ポイントにしましょう。

7 12行目の「事前申し込み・先着順」に二重下線を設定しましょう。

8 9、11、13行目の行頭にフォント「Wingdings」の記号「❀」を、10、12、14行目の行頭に「❁」を挿入しましょう。

9 15～17行目の行頭に空白のスペースを6文字分挿入しましょう。

10 14～17行目の「春野菜のスープ」から「豆腐ティラミス」までのフォントの色を「テーマの色」の「青、アクセント5、黒＋基本色25％」、太字、斜体にしましょう。

11 15行目の「サーモンのソテー」の下に1行追加し、「豆と牛肉のグラタン」と入力しましょう。

12 上下の余白を「15mm」にしましょう。文書が1ページに収まらない場合は、上下の余白をさらに小さくします。

13 印刷プレビューを確認しましょう。

14 文書を「B-L01-03PDF」という名前で、PDF形式で保存しましょう。

15 文書を「B-L01-03」という名前で、Word文書形式で保存しましょう。

Lesson 2 一般的なビジネス文書の作成

ビジネスで使用する文書には、書き方に一定のルールがあります。ここでは基本的なルールを確認し、さらにルールに沿った読みやすい文書を作成するために必要な書式の設定方法を学習します。

キーワード

□□社外文書
□□社内文書
□□右揃え
□□中央揃え
□□インデント
□□均等割り付け
□□タブ
□□ルビ

このレッスンのポイント

▶ ビジネス文書の基本ルール
▶ 文字列の配置を変更する
▶ インデントで行頭位置を揃える
▶ 文字を均等に割り付ける
▶ タブで文字の位置を揃える
▶ 人名や地名にルビをふる

完成例（ファイル名：本社移転のお知らせ.docx）

20XX 年 2 月 25 日

お取引先各位

株式会社エヌエイシステム
代表取締役□大村孝雄

本社移転のお知らせ

拝啓□向春の候、貴社いよいよご清栄のこととお慶び申し上げます。平素は格別のご高配を賜り、厚く御礼申し上げます。
□さて、このたび当社では、業務拡張に伴いまして、下記のとおり本社を移転することとなりました。
□これを機に、社員一同ますます業務に励み、お取引先の皆様にご満足いただける商品、サービスの提供に努めていく所存でございますので、どうぞ今後とも一層のお引き立てを賜りますよう、よろしくお願い申し上げます。
□まずは略儀ながら書中をもってお知らせかたがたごあいさつ申し上げます。

敬具

□

記

新　住　所　→　〒110-0012□東京都台東区竜泉 0-0□東雲ビル 7 階
電　話　番　号　→　03-0000-1111（代表）
Ｆ　　Ａ　　Ｘ　→　03-0000-1112（代表）
業務開始日　→　20XX 年 4 月 4 日（月）より

以上

ビジネス文書の基本ルール

ビジネス文書には、「社外文書」と「社内文書」があります。文書の目的によって言葉遣いや構成要素は多少異なりますが、ここでは、一般的なビジネス文書を作成するための基本ルールを確認します。

・社外文書
顧客や取引先などに向けて発信する文書です。あいさつ状、礼状、祝賀状といった社交的・儀礼的な文書と、案内状、通知状、依頼状、納品書、照会状といった業務取引に関する文書があります。相手に失礼のないよう、言葉遣い、文字の配置などの形式に注意して作成します。

社外文書の例「新製品発表会のお知らせ」

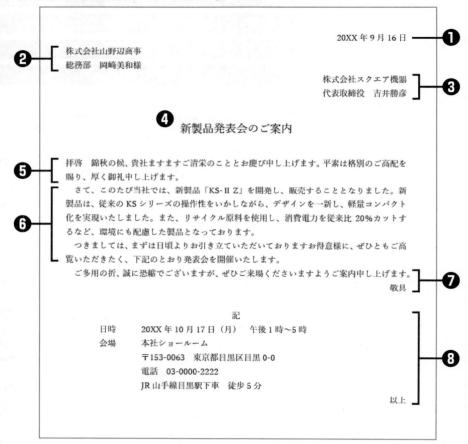

・社内文書
社内の連絡や記録のために作成する文書です。報告書、稟議書、申請書、始末書、企画書、社内通知書などがあります。用件や結論を先に書き、儀礼的な表現はなるべく省略して、簡潔にまとめます。

社内文書の例「定期健康診断の実施について」

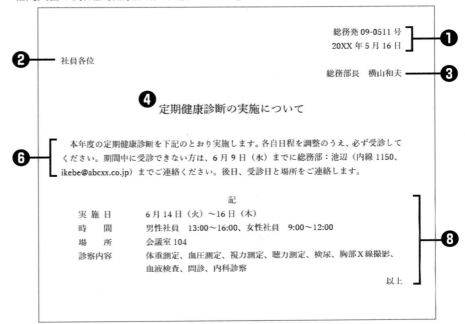

❶文書番号、発信日
文書番号は文書の照会や整理などに利用する目的で付けます。番号の付け方は会社や所属部署によって異なり、省略する場合もあります。発信日は文書を発信する日付を西暦または和暦で記入します。文書番号、発信日は行の右側に配置します。

❷宛先
社外文書では、受信先の会社名、部署名、役職名、氏名、敬称を記入します。
社内文書では、受信先の部署名、役職名、氏名、敬称を記入します。
敬称の付け方は、宛先によって変わります。組織や部署の場合は「御中」、個人の場合は「様」「殿」「先生」、社員全員など複数の人の場合は「各位」を付けます。宛先は行の左側から記入します。

❸発信者
社外文書では、発信者の会社名、部署名、役職名、氏名を記入します。連絡先として会社の住所、電話番号、担当者のメールアドレスなどを入れる場合もあります。
社内文書では、発信者の部署名、役職名、氏名を記入します。連絡先として担当者の内線番号やメールアドレスなどを入れる場合もあります。
発信者は行の右側に配置します。

❹件名（タイトル）
文書の内容がひと目でわかる件名（タイトル）を付けます。文字のサイズを大きくするなどして強調する場合もあります。件名は行の中央に配置します。

❺前文

本題の前に儀礼的に付ける文章です。頭語→時候のあいさつ→安否のあいさつ→感謝の
あいさつの順に記入します。社内文書では省略します。

- **頭語**

  頭語と結語は対になっています。ビジネス
  文書で使用頻度が多いのは、右の組み合わ
  せです。頭語の後に1文字分の空白を入れ
  て、時候のあいさつまたは安否のあいさつ
  を続けます。結語は末文の後に記入します。

文書の種類	頭語	結語
一般的な文書	拝啓	敬具
丁寧な文書	謹啓	謹白
前文を省略する文書	前略	草々
返事の文書	拝復	敬具

- **時候のあいさつ**

  「新春の候」「向暑の候」「秋冷の心地よい季節」など、季節のあいさつを記入します。
  省略する場合もあります。

- **安否のあいさつ**

  「時下ますますご清栄のこととお慶び申し上げます。」「貴店ますますご発展のことと
  お慶び申し上げます。」など、受信先の発展や健康を祝うあいさつを記入します。

- **感謝のあいさつ**

  「平素は格別のご高配を賜り、厚く御礼申し上げます。」など、日頃の付き合いを感謝
  するあいさつを記入します。

❻主文（本文）

本題となる用件を記入します。前文が入っている場合は、「さて」「ところで」などの起
こし言葉から始めます。

❼末文

締めくくりとなる文章です。社内文書では原則として省略します。
社外文書では文書の内容に合わせて、用件を念押しする文章（例「まずは略儀ながら書
面をもってごあいさつ申し上げます。」）や、返事を求める文章（例「同封の書類にご記入
のうえ、ご返信くださいますようお願い申し上げます。」）、今後の付き合いを願う文章（例
「今後とも一層のご愛顧を賜りますよう、よろしくお願い申し上げます。」）などを記入
します。
最後に頭語に対応する結語を、行の右側に記入します。

❽別記

「記」で始め、次の行以下に箇条書きで用件の詳細を記入します。最後は「以上」で結びま
す。「記」は行の中央、「以上」は行の右側に配置します。
同封書類や添付資料がある場合も、ここに記入します。発信者と担当者が異なる場合の
問い合わせ先や返信期限などの補足事項があるときは、「以上」の下に追伸の文章として
「なお、ご不明な点がございましたら、販売部：沢田（電話03-0000-0000）までご
連絡くださいませ。」などと記入することもあります。

活用

[あいさつ文]ダイアログボックスは、時候や安否、感謝のあいさつを、用意されている文章から選択するだけ
で簡単に入力できる機能です。
[あいさつ文]ダイアログボックスを表示するには、あいさつを入力する位置にカーソルを移動し、[挿入]タブ
の [あいさつ文]ボタンをクリックし、一覧から[あいさつ文の挿入]をクリックします。1月、2月などの月、
入力する時候のあいさつ、安否のあいさつ、感謝のあいさつをそれぞれ一覧から選択すると、季節や場面に応
じたあいさつが入力されます。

文字列の配置を変更する

一般的なビジネス文書では、文書番号や発信日、発信者は行の右側に、件名は行の中央に配置します。[ホーム]タブの [右揃え]ボタンや [中央揃え]ボタンを使って「右揃え」、「中央揃え」（センタリング）すると、後から文字を追加、削除しても配置が崩れません。

●文書の準備

文書を新規作成し、次のように設定しましょう。

- ・用紙サイズを「A4」、行数を「30」に設定します。
- ・下図のように文字を入力します。
- ・6行目の「本社移転のお知らせ」のフォントサイズを「14」ポイントに設定します。
- ・「本社移転のお知らせ」という名前で保存しておきます。

日付の入力

日付の「20XX年」の「XX」は実際の年を入力するか、半角の英大文字「X」を入力します。

文書の改行位置

プリンターの設定によっては改行位置が異なることがあります。

入力オートフォーマット機能

頭語の「拝啓」を入力してスペースキーを押すと、自動的に2行下の行の右端に対応する結語「敬具」、3行下の行頭に空白が入力されます。

発信者名の配置

発信者名に連絡先の住所や電話番号なども併記して右揃えにすると、行頭が不揃いになって見栄えがよくない場合があります。そのときは、インデントを設定して行頭位置を調整してもよいでしょう。

配置の変更の解除

解除したい範囲を選択し、もう一度[右揃え][中央揃え]などのボタンをクリックしてオフにします。

> 20XX年2月25日
> お取引先各位
> 株式会社エヌエイシステム
> 代表取締役□大村孝雄
>
> 本社移転のお知らせ
>
> 拝啓□向春の候、貴社いよいよご清栄のこととお慶び申し上げます。平素は格別のご高配を賜り、厚く御礼申し上げます。
> □さて、このたび当社では、業務拡張に伴いまして、下記のとおり本社を移転することとなりました。
> □これを機に、社員一同ますます業務に励み、お取引先の皆様にご満足いただける商品、サービスの提供に努めていく所存でございますので、どうぞ今後とも一層のお引き立てを賜りますよう、よろしくお願い申し上げます。
> □まずは略儀ながら書中をもってお知らせかたがたごあいさつ申し上げます。
> 　　　　　　　　　　　　　　　　　　　　　　　　　　　　　　　　敬具
>
> □
> 　　　　　　　　　　　　記
> 新住所→〒110-0012□東京都台東区竜泉0-0□東雲ビル7階
> 電話番号　→　　03-0000-1111（代表）
> FAX→03-0000-1112（代表）
> 業務開始日　→　　20XX年4月4日（月）より
> 　　　　　　　　　　　　　　　　　　　　　　　　　　　　　　　　以上

●文字列の配置の変更

1行目の発信日、3～4行目の発信者を右揃え、6行目の件名を行の中央揃えで配置します。

1. 1、3、4行目を選択し、[ホーム]タブの [右揃え]ボタンをクリックします。

2. 文字列が右揃えで配置されます。

3. 6行目を選択し、[ホーム]タブの [中央揃え]ボタンをクリックします。

4. 文字列が中央揃えで配置されます。

インデントで行頭位置を揃える

段落の行頭や行末を用紙の左右の余白から内側に下げた位置で揃えるときは、「インデント」の機能を使います。スペースやタブを入力して揃えた場合と違って、後から文字を追加、削除してもレイアウトが崩れません。設定する範囲が複数の段落にわたるときもまとめて設定できるので効率的です。

●インデントの種類
インデントには、次の4種類があります。

❶左インデント・・・段落全体の左端の位置を設定します。
❷右インデント・・・段落全体の右端の位置を設定します。
❸1行目のインデント（字下げインデント）・・・段落の1行目の左端の位置を設定します。
❹ぶら下げインデント・・・段落の2行目以降の左端の位置を設定します。

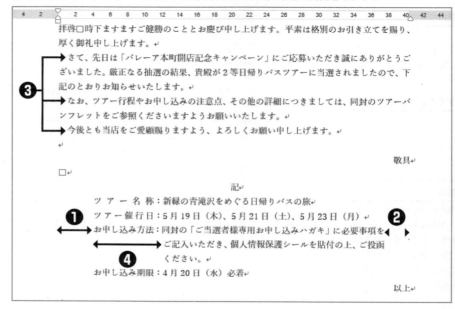

●インデントの設定方法
インデントを設定するには、次のような方法があります。

・水平ルーラー上にあるインデントマーカーをドラッグする
設定する種類のインデントのインデントマーカーを水平ルーラー上でドラッグすると、ドラッグした位置に行頭や行末が揃います。文書のレイアウトを確認しながら、おおよその位置で行頭や行末を揃えられます。
ルーラーは、［表示］タブの［ルーラー］チェックボックスをオンにすると表示されます。

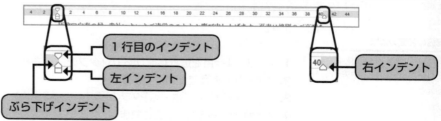

ルーラー
画面の上部と左側に表示される目盛りのことです。上部にあるものを水平ルーラー、左側にあるものを垂直ルーラーといいます。

40

- [ホーム]タブの [インデントを増やす]ボタン、 [インデントを減らす]ボタンをクリックする

    ボタンをクリックするごとに、1文字分ずつインデントを設定したり、解除したりできます。設定できるのは左インデントのみです。

- [レイアウト]タブの [左: 0字] [左インデント]ボックス、[右: 0字] [右インデント]ボックスで設定する

    左右のインデントの幅を数値で指定できます。ボックスの右端にある▲や▼をクリックするか、数値を入力して**Enter**キーを押します。

- [段落]ダイアログボックスの[インデントと行間隔]タブで設定する

    インデントの幅を数値で正確に指定できます(「活用」参照)。

●インデントマーカーを使った左インデントの設定

ここでは、水平ルーラーのインデントマーカーを使って、箇条書き部分の行頭位置を約2字の位置に揃えます。

インデントの位置の微調整
Altキーを押しながらインデントマーカーをドラッグすると、インデントの位置を微調整できます。また、水平ルーラーに字数が表示されるので、位置を確認しながら設定できます。

1. 19～22行目を選択します。
2. 左インデントマーカーを、水平ルーラーの2字の位置までドラッグします。

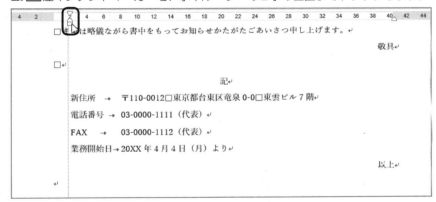

3. インデントマーカーをドラッグした位置に左インデントが設定されます。

インデントの解除
インデントを設定した範囲を選択し、水平ルーラーのインデントマーカーを元の位置までドラッグします。

活用

[段落]ダイアログボックスの[インデントと行間隔]タブでは、インデントの幅を数値で正確に指定できます。次のように操作します。

1. インデントを設定する範囲を選択し、[ホーム]タブの[段落]グループ右下の [段落の設定]ボタンをクリックするか、水平マーカー上のインデントマーカーをダブルクリックします。
2. [段落]ダイアログボックスの[インデントと行間隔]タブで、次のように設定し、[OK]をクリックします。
   - 左右のインデントを設定する場合は、[インデント]の[左][右]の各ボックスにインデントの幅を設定します。
   - 1行目のインデント(字下げインデント)やぶら下げインデントを設定する場合は、[最初の行]ボックスの▼をクリックし、一覧から[字下げ]または[ぶら下げ]をクリックします。次に[幅]ボックスで字下げまたはぶら下げする幅を設定します。

文字を均等に割り付ける

箇条書きの項目の文字数が異なるときは、「均等割り付け」の機能を使って、文字数の一番多い項目に他の項目の横幅を合わせると、整った印象になります。ここでは、「業務開始日」の文字数「5」に合わせて均等割り付けします。

1. 19行目の「新住所」、20行目の「電話番号」、21行目の「FAX」の文字列を選択します。
2. [ホーム]タブの [均等割り付け]ボタンをクリックします。
3. [文字の均等割り付け]ダイアログボックスの[新しい文字列の幅]ボックスを「5字」に設定し、[OK]をクリックします。

均等割り付けの解除
解除したい範囲を選択し、もう一度[均等割り付け]ボタンをクリックします。[文字の均等割り付け]ダイアログボックスの[解除]をクリックします。

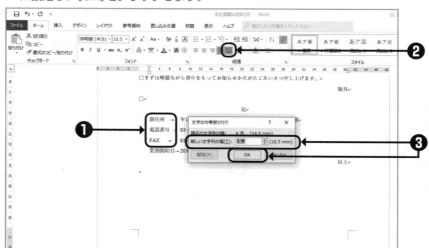

4. 文字が5字分の幅に均等に割り付けられます。

タブで文字の位置を揃える

箇条書きのように、1行にいくつかの項目を並べるときは、「タブ」を使って文字の位置を揃えると読みやすくなります。Wordの初期設定では、**Tab**キーを1回押すごとに4文字単位でカーソルが移動し、間に空白が入力されます。このカーソルが移動する位置(タブ位置)は、段落ごとに設定できます。タブ位置は1行に何か所でも設定できるので、表のように項目を整理して見せたいときなどにも便利です。

タブの位置や種類
タブの位置や種類は、水平ルーラー上で確認することができます。

●**タブの種類**
よく利用するタブには、次の3種類があります。

└ 左揃えタブ・・・タブ位置に文字列の左端を揃えます。

その他のタブ

次のようなタブもあります。

⊥ 小数点揃えタブ
タブ位置に数値の小数点の位置を揃えます。

| 縦棒タブ（縦線タブ）
タブ位置に縦線が引かれます。文字の位置は揃えません。

⊥ 中央揃えタブ・・・タブ位置に文字列の中央を揃えます。

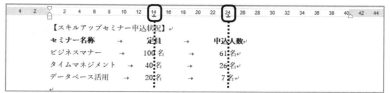

⊥ 右揃えタブ・・・タブ位置に文字列の右端を揃えます。

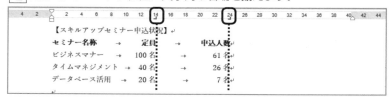

●タブの設定方法

タブを設定するには、次の2通りの方法があります。

・水平ルーラー上でタブ位置をクリックする

タブの種類は、水平ルーラーの左端のタブセレクタをクリックして切り替えます。タブの種類を選択後、水平ルーラー上で文字を揃えたい位置をクリックすると、タブ位置に設定されます。文書のレイアウトを確認しながら、おおよその位置で文字を揃えられます。

・[タブとリーダー]ダイアログボックスで設定する

タブ位置と種類を数値で正確に指定できます。既定値の変更やリーダーの設定も行えます（次ページ「活用」参照）。

●タブの設定

ここでは、水平ルーラーを使って、箇条書きの各項目内容の左端が約10字の位置で揃うように左揃えタブを設定します。

1. 19～22行目を選択します。
2. 水平ルーラーのタブセレクタに L 左揃えタブが表示されていることを確認します。
　　表示されていない場合は、タブセレクタを何度かクリックして表示します。
3. 水平ルーラーの10字の位置をクリックします。

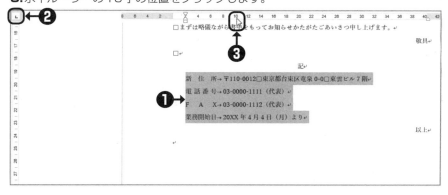

タブの入力
この例題では、タブをあらかじめ入力していますが、タブ位置を設定した後でTabキーを押して入力しても、同じように文字の位置が揃います。

タブ位置の変更
タブを設定した範囲を選択し、水平ルーラーのタブマーカーを左右にドラッグします。

タブの解除
タブを設定した範囲を選択し、水平ルーラーのタブマーカーを文書内までドラッグします。

4. 水平ルーラーに左揃えタブのタブマーカーが表示され、タブマーカーの位置に文字の先頭が揃います。

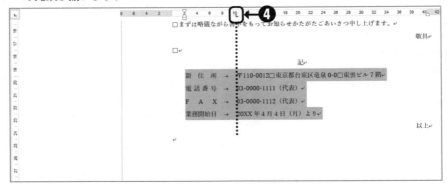

活用

[タブとリーダー]ダイアログボックスでは、タブ位置を数値で正確に指定できます。下右図のようにリーダー付きのタブを設定することもできます。リーダーとは、タブの左右の文字をつなぐ実線や点線のことです。次のように操作します。

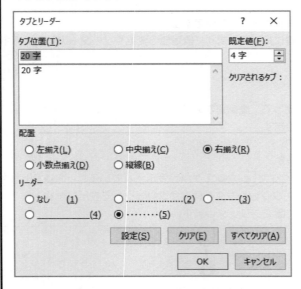

リーダー付きのタブの例

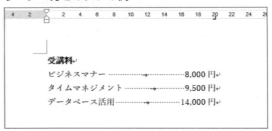

1. タブを設定する範囲を選択し、[ホーム]タブの[段落]グループ右下の 🔲 [段落の設定]をクリックします。
2. [段落]ダイアログボックスの[インデントと行間隔]タブで、[タブ設定]をクリックします。
3. [タブとリーダー]ダイアログボックスの[タブ位置]ボックスに、タブを設定したい位置を数値で入力します。[タブとリーダー]ダイアログボックスは、すでにタブが設定されている場合は、水平ルーラー上のタブマーカーをダブルクリックしても表示できます。
4. [配置]からタブの種類を選択します。
5. リーダー付きのタブを設定する場合は、[リーダー]からリーダーの種類を選択します。
6. [設定]をクリックします。
    ※複数のタブ位置を設定するときは、手順 **3** ～ **6** の操作を繰り返します。
7. [OK]をクリックします。

人名や地名にルビをふる

人名や地名、ビルの名称など、読み方のわかりづらい文字があるときは、「ルビ」(ふりがな)をふって相手が迷わないよう配慮します。ここでは、「東雲」に「しののめ」というルビを設定します。

1. 19行目の「東雲」の文字列を選択します。
2. [ホーム]タブの[ルビ]ボタンをクリックします。
3. [ルビ]ダイアログボックスの[対象文字列]ボックスに「東雲」、[ルビ]ボックスに「しののめ」と表示されていることを確認し、[OK]をクリックします。[ルビ]ボックスに別の文字が表示されている場合は、「しののめ」と入力し直します。

ルビの書式
[ルビ]ダイアログボックスで、ルビの配置やフォント、サイズを変更できます。

文字列とルビの間隔
[ルビ]ダイアログボックスの[オフセット]ボックスの数値を上げると、文字列とルビの間隔を広げることができます。

ルビの解除
解除したい範囲を選択し、もう一度[ルビ]ボタンをクリックします。[ルビ]ダイアログボックスの[ルビの解除]をクリックし、[OK]をクリックします。

活用

[ファイル]タブの上のクイックアクセスツールバーは、リボンの上にあるので、どのリボンのときも表示されていて常に使用できます。初期値では[上書き保存]、[元に戻す]、[やり直し]の3つのボタンがありますが、任意のコマンドのボタンを追加することができます。
次のように操作します。

1. クイックアクセスツールバーの[クイックアクセスツールバーのユーザー設定]ボタンをクリックします。
2. 表示される一覧からボタンに追加するコマンドをクリックします。
3. 一覧にないコマンドのボタンを追加する場合は、[その他のコマンド]をクリックして、表示される[Wordのオプション]ダイアログボックスの[クイックアクセスツールバー]から選択します。

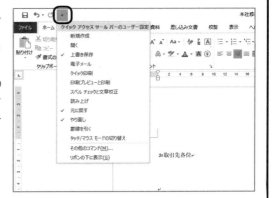

練習問題

■1 文書を新規作成し、次のように文字を入力しましょう。

20XX年3月15日
青風大学□社会学部
吉田直人先生
株式会社オフィスキューブ
教育推進部□部長□鷹島由梨

ご講演のお願い

拝啓□早春の候、ますますご健勝のこととお慶び申し上げます。平素は格別のお引き立てをいただき、厚く御礼申し上げます。
□さて、このたび弊社では、社員研修の一環として「対人関係とストレス」をテーマとした講演会を開催することになりました。これからの時代、社内外での対人関係をどのように築いていくべきか、また、対人関係で生じるストレスへの対処方法について学びたいと考えております。
□つきましては、社会心理学の分野でご活躍の吉田先生に、ぜひご講演をお引き受けいただきたく、お願い申し上げる次第でございます。
□ご多忙中とは存じますが、ご高配賜りたく何卒よろしくお願い申し上げます。

敬具

□

記

日時　→　20XX年5月24日（火）□午後2時～3時
会場　→　弊社セミナールーム
　　　　→　〒105-0013□東京都港区浜松町0-0□イーストビル4F
参加人数　→　160名
謝礼　→　50,000円

以上

ご不明な点がございましたら、教育推進部□鷹島までお問い合わせください。
■連絡先
電話：03-0000-1234
FAX：03-0000-1236
E-Mail：y-takasima@officecube.xx.jp

■2 発信日、発信者を右揃えで配置しましょう。
■3 件名のフォントサイズを「14」ポイントにし、中央揃えで配置しましょう。
■4 別記の箇条書きの行頭が約2字の位置で揃うように左インデントを設定しましょう。
■5 別記の箇条書きの「日時」「会場」「謝礼」の文字列が「参加人数」と同じ幅になるように均等割り付けを設定しましょう。
■6 別記の箇条書きの「20XX年5月…」「弊社セミナールーム」「〒105-0013…」「160名」「50,000円」の文字列の左端が約10字の位置で揃うように左揃えタブを設定しましょう。
■7 28行目の「鷹島」に「たかしま」というルビを設定しましょう。
■8 29～32行目の行頭が約20字の位置で揃うように左インデントを設定しましょう。
■9 文書を「B-L02-01」という名前で保存しましょう。

1 文書を新規作成し、次のように文字を入力しましょう。

```
総務 XX0614
20XX 年 6 月 14 日
社員各位
総務部□海山厚志

社内業務システム講習会について

□かねて通知しているとおり、7月4日（月）をもって現在使用している社内業務システム
を新システムに移行します。つきましては、従来のシステムとの相違点や使用上の注意点な
どについての講習会を下記の日程で開催します。システム移行後の業務がスムーズに行え
るよう、都合のよい日を選んで全社員必ず受講してください。なお、事前の申し込みは不要
です。

                           記
日程 → 6月20日（月）→1回目 11:00〜 → 2回目 16:00〜
  →  6月22日（水）→1回目 10:00〜 → 2回目 15:00〜
  →  6月24日（金）→1回目 10:00〜 → 2回目 14:00〜
講習時間  →  約1時間を予定
会場 → 会議室 R501
講師 → FFシステム株式会社より派遣
                                         以上

【お願い】上記期間中のいずれの日程でも受講できない方は、総務部□海山（内線 1106）
までご連絡ください。
```

2 文書番号、発信日、発信者を右揃えで配置しましょう。

3 件名のフォントサイズを「12」ポイントにし、中央揃えで配置しましょう。

4 別記の箇条書きの行頭に2字分の左インデントを設定しましょう。

5 別記の箇条書きの「日程」「会場」「講師」の文字列が「講習時間」と同じ幅になるように均等割り付けを設定しましょう。

6 別記の箇条書きの「日程」の3行について、次のように設定しましょう。
・日にちの左端が9字の位置で揃うように左揃えタブを設定しましょう。
・「1回目…」の左端が18字の位置で揃うようにリーダー付きの左揃えタブを設定しましょう。リーダーの種類は「------(3)」を選択します。
・「2回目…」の左端が26字の位置で揃うように左揃えタブを設定しましょう。

7 別記の箇条書きの「約1時間を予定」「会議室 R501」「FFシステム株式会社より派遣」の文字列の左端が9字の位置で揃うように左揃えタブを設定しましょう。

8 23〜24行目の「【お願い】…ご連絡ください。」に5字分のぶら下げインデントを設定しましょう。

9 23行目の「海山」に「みやま」というルビを設定しましょう。その際、［オフセット］を「2pt」、［サイズ］を「7pt」に設定します。

10 文書を「B-L02-02」という名前で保存しましょう。

Lesson 3　シンプルなレポートや報告書の作成

大学のレポートや業務の報告書などは、A4用紙1枚程度でシンプルにまとめたい場合もあります。ここでは、文字や書式のコピー、段落の書式設定など、効率よく、読みやすい文書を作成するための機能を学習します。

キーワード
- □□レポート
- □□移動
- □□コピー
- □□段落の背景の色
- □□段落の罫線
- □□書式のコピー／貼り付け
- □□行頭文字
- □□段落番号
- □□行間
- □□段落間隔

このレッスンのポイント

- ▶ レポート作成の基本ルール
- ▶ 文字を移動／コピーする
- ▶ 段落に背景色や罫線を設定する
- ▶ 同じ書式を繰り返し設定する
- ▶ 記号や番号付きの箇条書きにする
- ▶ 行や段落の間隔を調整する

完成例（ファイル名：写楽作品から見る人物像.docx）

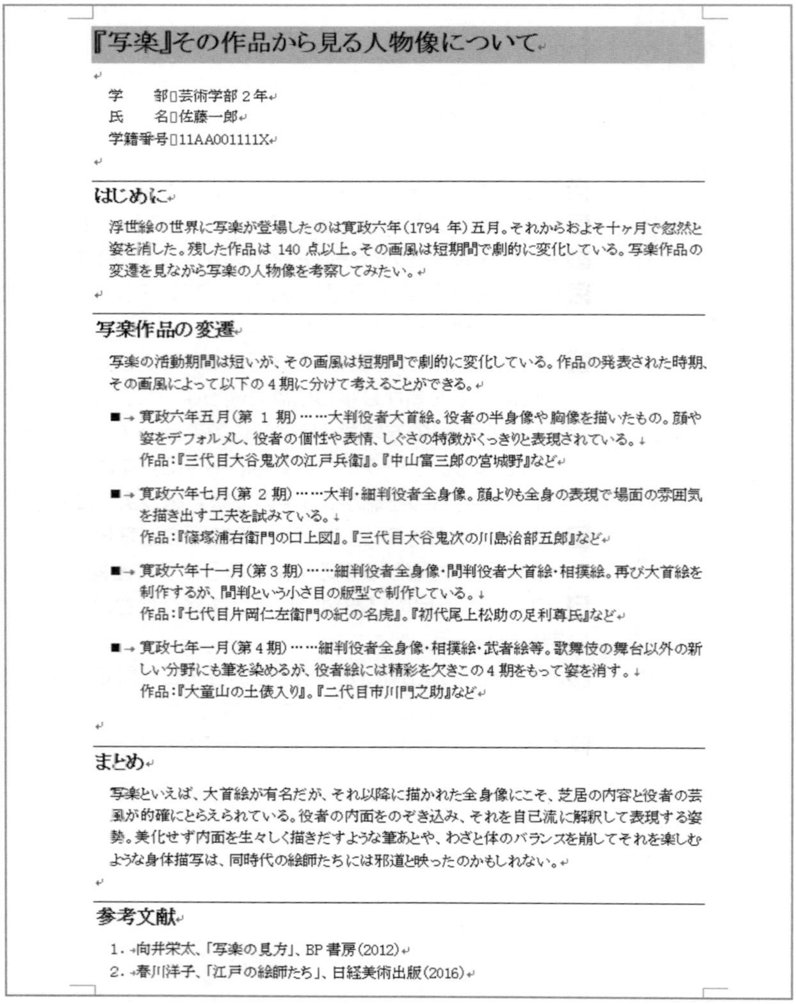

『写楽』その作品から見る人物像について

学　　部□芸術学部2年
氏　　名□佐藤一郎
学籍番号□11AA001111X

はじめに

浮世絵の世界に写楽が登場したのは寛政六年（1794年）五月。それからおよそ十ヶ月で忽然と姿を消した。残した作品は140点以上。その画風は短期間で劇的に変化している。写楽作品の変遷を見ながら写楽の人物像を考察してみたい。

写楽作品の変遷

写楽の活動期間は短いが、その画風は短期間で劇的に変化している。作品の発表された時期、その画風によって以下の4期に分けて考えることができる。

- ■→ 寛政六年五月（第1期）……大判役者大首絵。役者の半身像や胸像を描いたもの。顔や姿をデフォルメし、役者の個性や表情、しぐさの特徴がくっきりと表現されている。
  作品：『三代目大谷鬼次の江戸兵衛』。『中山富三郎の宮城野』など。
- ■→ 寛政六年七月（第2期）……大判・細判役者全身像。顔よりも全身の表現で場面の雰囲気を描き出す工夫を試みている。
  作品：『篠塚浦右衛門の口上図』。『三代目大谷鬼次の川島治部五郎』など。
- ■→ 寛政六年十一月（第3期）……細判役者全身像・間判役者大首絵・相撲絵。再び大首絵を制作するが、間判という小さ目の版型で制作している。
  作品：『七代目片岡仁左衛門の紀の名虎』。『初代尾上松助の足利尊氏』など。
- ■→ 寛政七年一月（第4期）……細判役者全身像・相撲絵・武者絵等。歌舞伎の舞台以外の新しい分野にも筆を染めるが、役者絵には精彩を欠きこの4期をもって姿を消す。
  作品：『大童山の土俵入り』。『二代目市川門之助』など。

まとめ

写楽といえば、大首絵が有名だが、それ以降に描かれた全身像にこそ、芝居の内容と役者の芸風が的確にとらえられている。役者の内面をのぞき込み、それを自己流に解釈して表現する姿勢。美化せず内面を生々しく描きだすような筆あとや、わざと体のバランスを崩してそれを楽しむような身体描写は、同時代の絵師たちには邪道と映ったのかもしれない。

参考文献

1. 向井栄太、「写楽の見方」、BP書房（2012）
2. 春川洋子、「江戸の絵師たち」、日経美術出版（2016）

レポート作成の基本ルール

大学の授業では、あるテーマについてまとめた「レポート」の提出が求められる場合があります。また、理系の授業で各種の実験を行った際には、通常、その経過と結論をまとめたレポートの提出が義務付けられます。レポートは、高校以前に書いていた感想文などとは異なり、ただ考えたことや感じたことを書けばよいというわけではありません。ここではまず、大学のレポートの書き方に関する一般的なルールを紹介します。

●レポートとは

レポートには、実験や調査等の事実の記録をまとめるものと、出題された（あるいは自分自身が選んだ）テーマに対する自分の意見を記述するものとがあります。前者の場合は、実験・調査の具体的な手順と結果、そこから導き出される結論などを記述します。実験前に何らかの仮説を立てていた場合は、その仮説に対する検証も行います。また、後者の場合は、単に「自分はこう考える」と書くだけでなく、なぜそう考えたのか、必ずその論理的な根拠を記述します。

いずれについても「楽しかった」「興味深かった」といった個人的な感想は不要で、事実と結論だけをまとめるようにします。

●資料の収集

レポートの作成を開始する前に、そこで取り扱う問題に関連した資料を集める必要があります。具体的には、書籍や雑誌、新聞記事といった文献資料や、官公庁などの信頼できる機関が実施した各種の統計調査のデータです。

文献資料を集めるには、まず大学などの図書館を利用するとよいでしょう。図書館には通常、コンピューターによる検索システムが用意されており、キーワードを入力して、目的の資料を探し出すことができます。現在では、自宅のコンピューターからインターネット経由で図書館の蔵書を検索することも可能になっています。各種の統計データも、やはりインターネットで検索して見つけ出すことができます。

資料を参考にした場合は、必ずその書籍名などを、参考文献としてレポートの末尾に明記します。また、一部を引用した場合は、その部分を本文と区別して、引用であることがわかるようにする必要があります。

●レポートの構成

学術的なレポートの記述の仕方には、標準的なフォーマットがあります。このフォーマットに従って書くことで、読みやすく形の整ったレポートという印象になります。

一般に、論文やレポートは、「序論」「本論」「結論」の3つの部分で構成されます。さらに、必要に応じて末尾に「参考文献」のリストを付けます。

序論（❶）はいわば本文の前置き（序文・はじめに）であり、レポートの主旨や概要を記述します。そのテーマを選択した理由や背景、そのテーマを論じる必要性などを説明し、調査や実験を行った場合はその方法も明記します。また、特に長い論文の場合は、序文というよりも内容の要約（アブストラクト）を、本文とは独立させた形で記述します。

本論（❷）は、文字通りレポートの主となる議論です。検討の対象である問題を提起し、その問題に対する自分なりの答えを明確に記述します。さらに、その答えにたどり着くまでの過程を、筋道を立てて論理的に説明していきます。

最後に、本論の内容をまとめ、結論（❸）を記述します。

なお、本文中で引用を行った場合は、必ずその出典を明示します。出典を明記せず、他の人の考えをあたかも自分の考えであるかのように記述するのは「剽窃」（ひょうせつ）と呼ばれ、レポート作成においては最大の禁止事項です。引用したり参考にした書籍や論文は、レポートの最後に参考文献（❹）としてまとめて記載します。

『写楽』その作品から見る人物像について

学部　芸術学部２年
氏名　佐藤一郎
学籍番号　11AA001111X

はじめに
浮世絵の世界に写楽が登場したのは寛政六年(1794 年)五月。それからおよそ十ヶ月で忽然と姿を消した。残した作品は 140 点以上。その画風は短期間で劇的に変化している。写楽作品の変遷を見ながら写楽の人物像を考察してみたい。　　　　　　　　　　　　　　　　　　　←❶

写楽作品の変遷
写楽の活動期間は短いが、その画風は短期間で劇的に変化している。作品の発表された時期、その画風によって以下の４期に分けて考えることができる。
寛政六年五月(第１期)……大判役者大首絵。役者の半身像や胸像を描いたもの。顔や姿をデフォルメし、役者の個性や表情、しぐさの特徴がくっきりと表現されている。
作品：『三代目大谷鬼次の江戸兵衛』『中山富三郎の宮城野』など
寛政六年七月(第 2 期)……大判・細判役者全身像。顔よりも全身の表現で場面の雰囲気を描き出す工夫を試みている。
作品：『篠塚浦右衛門の口上図』。『三代目大谷鬼次の川島治部五郎』など　　　　　　　←❷
寛政六年十一月(第３期)……細判役者全身像・間判役者大首絵・相撲絵。再び大首絵を制作するが、間判という小さ目の版型で制作している。
作品：『七代目片岡仁左衛門の紀の名虎』。『初代尾上松助の足利尊氏』など
寛政七年一月(第 4 期)……細判役者全身像・相撲絵・武者絵等。歌舞伎の舞台以外の新しい分野にも筆を染めるが、役者絵には精彩を欠きこの 4 期をもって姿を消す。
作品：『大童山の土俵入り』。『二代目市川門之助』など

まとめ
写楽といえば、大首絵が有名だが、それ以降に描かれた全身像にこそ、芝居の内容と役者の芸風が的確にとらえられている。役者の内面をのぞき込み、それを自己流に解釈して表現する姿勢。美化せず内面を生々しく描きだすような筆あとや、わざと体のバランスを崩してそれを楽しむような身体描写は、同時代の絵師たちには邪道と映ったのかもしれない。　　　　　　　　　　　　　　←❸

参考文献
1．向井栄太、「写楽の見方」、BP 書房(2012)
2．春川洋子、「江戸の絵師たち」、日経美術出版(2016)　　　　　　　　　　　　　　←❹

●剽窃（ひょうせつ）の問題

インターネットの発達により、近年は、あるテーマについて書かれた論文などを簡単に探し出すことができます。それを参考にする程度ならよいのですが、誰かの書いた文章をそのまま切り貼りして、自分のレポートとして提出する学生も増えています。

このような行為は剽窃として、厳しい処罰の対象となります。単に評価が下がるというだけではなく、単位取得が認められなかったり、あるいはもっと厳しい処罰が待っていたりする可能性もあります。

こうした学生は「どうせわからないだろう」という甘い考えで行うのですが、ネット上に公開されている類似したテーマについての論文は出題者側もチェックしていることが多く、文章の不自然さなどもあって、実際にはかなりの確率で見つかってしまいます。また、最近では、剽窃を発見するためのプログラムも開発されています。

ただし、引用部分を明示したとしても、他者の文章をつぎはぎしただけのようなレポートでは、やはり評価は下がります。引用と自分の文章を区別するのは当然として、そこにどれだけ自分独自の意見を加えられるかが重要です。

文字を移動／コピーする

入力した文字や文章の順序を入れ替えるときは、対象の範囲を選択して「移動」します。また、同じ文字や文章を繰り返し使用するときは、対象の範囲を選択して「コピー」します。移動やコピーを利用して、効率よく入力しましょう。

●文書の準備

文書を新規作成し、次のように設定しましょう。

- ・フォントを「MSP明朝」にします。
- ・用紙サイズを「A4」、上下の余白を「25mm」、行数を「44」に設定します。
- ・下図のように文字を入力します。その際、16行目、19行目、22行目、25行目の行末では、**Enter**キーでなく、**Shift**＋**Enter**キーを押して改行します。
- ・1行目の「『写楽』その作品から見る人物像について」のフォントサイズを「18」ポイント、太字に設定します。
- ・3～5行目、8～10行目、13～26行目、29～32行目、35行目に1字分の左インデントを設定します。
- ・4～5行目の「学部」「氏名」の文字列に4字分の均等割り付けを設定します。
- ・7行目の「はじめに」のフォントサイズを「14」ポイント、太字に設定します。
- ・「写楽作品から見る人物像」という名前で保存しておきます。

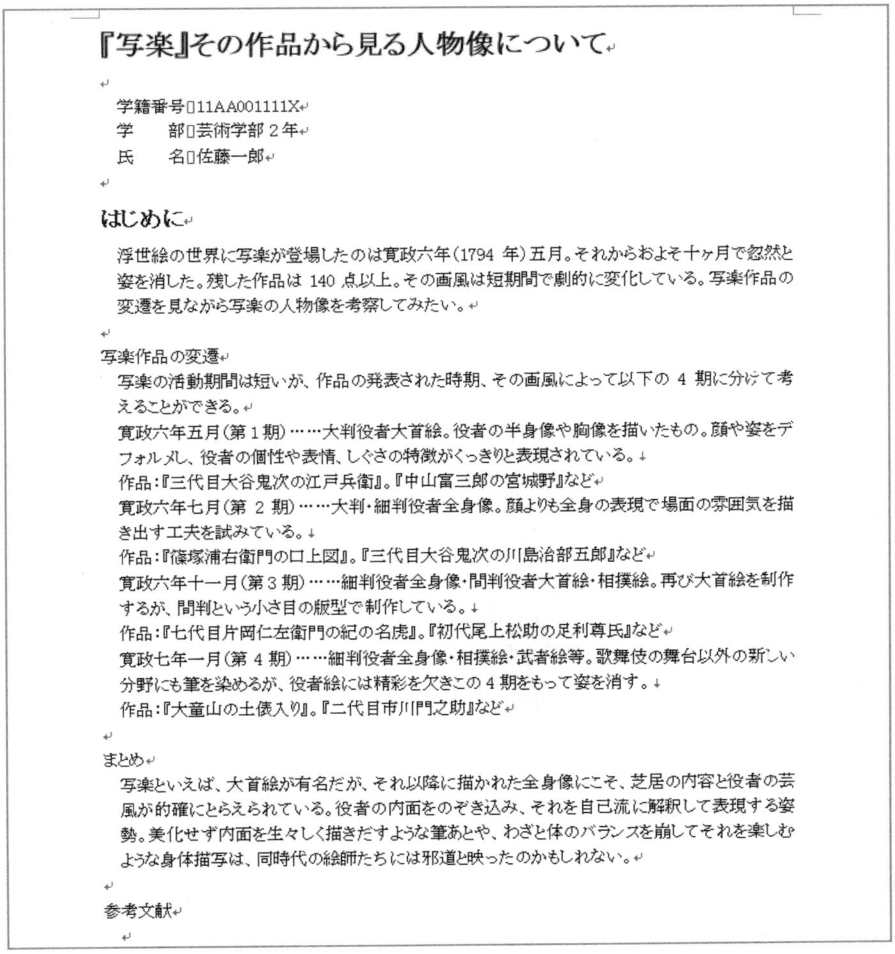

入力時のフォントの変更

Word 2019の標準フォントの「游明朝」は、行数やフォントサイズの設定によって行間が広くなる場合があります。そのため、ここでは最初にフォントの種類を変更します。最初に変更するとそのフォントで入力できるようになります。

Shift＋Enterキーで改行する

行末でEnterキーを押すと、↵（段落記号）が表示されて改行され、次の行から新しい段落になります。行末でShift＋Enterキーを押すと、↓（改行記号）が表示されて改行されますが、段落は改まりません。次の↵までは1つの段落として扱われ、設定した書式もそのまま引き継がれます。

操作の繰り返し

インデントを複数回設定するなど、直前の操作を繰り返すには、クイックアクセスツールバーの[繰り返し]ボタンをクリックします。Ctrl＋YキーまたはF4キーを押しても実行できます。

複数箇所の均等割り付け

均等割り付けで上記の操作の繰り返しを行うと、段落全体が左右の余白に揃えて配置され、文字数を指定しての配置はできません。複数箇所を同じ文字数に揃えたい場合は、あらかじめ複数の範囲を選択し、[均等割り付け]ボタンを使用して設定します。

『写楽』その作品から見る人物像について↵

学籍番号□11AA001111X↵
学　部□芸術学部2年↵
氏　名□佐藤一郎↵

はじめに

　浮世絵の世界に写楽が登場したのは寛政六年（1794 年）五月。それからおよそ十ヶ月で忽然と姿を消した。残した作品は 140 点以上。その画風は短期間で劇的に変化している。写楽作品の変遷を見ながら写楽の人物像を考察してみたい。↵

写楽作品の変遷↵
　写楽の活動期間は短いが、作品の発表された時期、その画風によって以下の 4 期に分けて考えることができる。↵
　寛政六年五月（第 1 期）……大判役者大首絵。役者の半身像や胸像を描いたもの。顔や姿をデフォルメし、役者の個性や表情、しぐさの特徴がくっきりと表現されている。↓
　作品：『三代目大谷鬼次の江戸兵衛』。『中山富三郎の宮城野』など↵
　寛政六年七月（第 2 期）……大判・細判役者全身像。顔よりも全身の表現で場面の雰囲気を描き出す工夫を試みている。↓
　作品：『篠塚浦右衛門の口上図』。『三代目大谷鬼次の川島治部五郎』など↵
　寛政六年十一月（第3期）……細判役者全身像・間判役者大首絵・相撲絵。再び大首絵を制作するが、間判という小さ目の版型で制作している。↓
　作品：『七代目片岡仁左衛門の紀の名虎』。『初代尾上松助の足利尊氏』など↵
　寛政七年一月（第 4 期）……細判役者全身像・相撲絵・武者絵等。歌舞伎の舞台以外の新しい分野にも筆を染めるが、役者絵には精彩を欠きこの 4 期をもって姿を消す。↓
　作品：『大童山の土俵入り』。『二代目市川門之助』など↵

まとめ↵
　写楽といえば、大首絵が有名だが、それ以降に描かれた全身像にこそ、芝居の内容と役者の芸風が的確にとらえられている。役者の内面をのぞき込み、それを自己流に解釈して表現する姿勢。美化せず内面を生々しく描きだすような筆あとや、わざと体のバランスを崩してそれを楽しむような身体描写は、同時代の絵師たちには邪道と映ったのかもしれない。↵

参考文献↵

51

●文字の移動

3行目(「学籍番号　11AA…」の行)を5行目(「氏名　佐藤…」の行)の下に移動します。

1. 3行目を選択します。
2. [ホーム]タブの[切り取り]ボタンをクリックします。

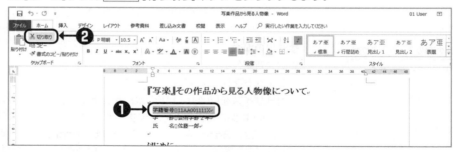

3. 3行目が切り取られます。
4. 5行目の行頭をクリックします。
5. [ホーム]タブの[貼り付け]ボタンをクリックします。

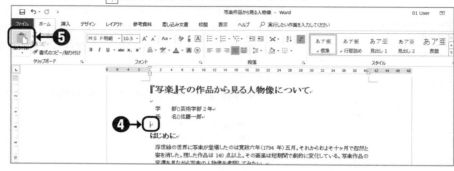

6. 行が移動します。

●文字のコピー

9行目の「その画風は短期間で劇的に変化している。」の文字列を13行目の「作品の発表された…」の前にコピーします。

1. 9行目の「その画風は短期間で劇的に変化している。」を文字単位で選択します。
2. [ホーム]タブの[コピー]ボタンをクリックします。
3. 13行目の「作品の」の前をクリックします。
4. [ホーム]タブの[貼り付け]ボタンをクリックします。

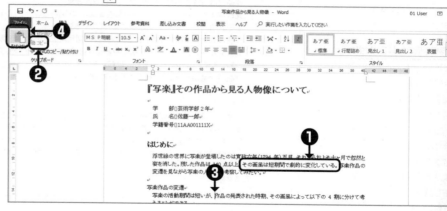

5. 文字がコピーされます。

[貼り付けのオプション]

文字の貼り付けの操作を行うと、貼り付けた部分の右下に[(Ctrl)]-[貼り付けのオプション]ボタンが表示されます。ボタンをクリックすると、次の4つのボタンが表示され、書式の貼り付け方を指定できます。また、ボタンをポイントすると、貼り付け後の状態がプレビュー表示されます。

[元の書式を保持]
移動(コピー)元の書式のまま貼り付ける。

[書式を結合]
移動(コピー)元と移動(コピー)先の書式を結合して貼り付ける。

[図]
図として貼り付ける。通常の図と同様に、拡大縮小などができる。

[テキストのみ保持]
書式を削除して、文字だけを貼り付ける。

なお、指定しないときは、元の書式のままで貼り付けられます。

文字単位で選択する

↵(段落記号)を含めないように、文字だけをドラッグして選択します。

[貼り付け]ボタン

[貼り付け]ボタンの上部をクリックすると、直前にコピーや切り取りをしたデータを何度でも貼り付けることができます。また、ボタンの下部の▼をクリックし、[形式を選択して貼り付け]をクリックすると、ダイアログボックスが表示され、図として貼り付けるなどの形式を選択することができます。

活用

移動やコピーは、マウス操作やショートカットメニューでも行えます。次のように操作します。

・マウス操作で移動、コピーする
移動またはコピーする範囲を選択し、選択した範囲上にマウスポインターを合わせます。移動する場合はドラッグし、コピーする場合は**Ctrl**キーを押しながらドラッグし、マウスのボタンから先に指を離し、次にキーから指を離します。マウスポインターの形は移動では 、コピーでは になります。

・ショートカットメニューで移動、コピーする
1. 移動またはコピーする範囲を選択し、選択した範囲上で右クリックします。
2. ショートカットメニューの[切り取り]または[コピー]をクリックします。
3. 移動またはコピー先にカーソルを移動し、右クリックします。
4. ショートカットメニューの[貼り付けのオプション]の貼り付け方のボタンをクリックします。

・ショートカットキーで移動、コピーする
1. 移動またはコピーする範囲を選択し、移動の場合は**Ctrl**+**X**キー、コピーの場合は**Ctrl**+**C**キーを押します。
2. 移動またはコピー先にカーソルを移動し、**Ctrl**+**V**キーを押します。

段落に背景色や罫線を設定する

レポートや報告書では、件名や見出し、項目ごとの区切りを明確に示すと、文書の構造がわかりやすくなります。「段落の背景の色」の機能を使って段落単位で背景を塗りつぶしたり、「段落の罫線」の機能を使って段落の周囲に罫線を引いたりすると効果的です。

●**段落の背景の色の設定**
1行目の「『写楽』その作品から見る人物像について」の段落に「テーマの色」の「白、背景1、黒+基本色25%」の背景色を設定し、文書全体の件名として目立たせます。

1. 1行目を選択します。
2. [ホーム]タブの[罫線]ボタンの▼をクリックし、一覧から[線種とページ罫線と網かけの設定]をクリックします。

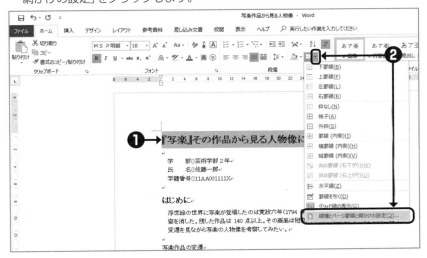

53

3. [線種とページ罫線と網かけの設定]ダイアログボックスの[網かけ]タブをクリックします。
4. [背景の色]ボックスの▼をクリックし、[テーマの色]の一覧から[白、背景1、黒＋基本色25％]をクリックします。
5. [設定対象]ボックスに[段落]と表示されていることを確認し、[OK]をクリックします。

段落の背景色の解除

解除したい範囲を選択し、[線種とページ罫線と網かけの設定]ダイアログボックスの[網かけ]タブを表示します。[背景の色]ボタンの▼をクリックし、一覧から[色なし]をクリックして、[OK]をクリックします。

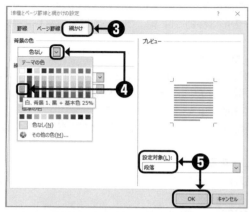

6. 段落に背景色が設定されます。

●**段落の罫線の設定**

段落の上、下、左、右や外枠など、位置を指定して罫線を引くことができます。ここでは、7行目の見出し「はじめに」の段落の上側に罫線を設定して見出しを目立たせるとともに、項目の区切りをわかりやすくします。

1. 7行目を選択します。
2. [ホーム]タブの [罫線]ボタンの▼をクリックし、一覧から[上罫線]をクリックします。
3. 段落の上側に罫線が設定されます。

ボタンの表示

[罫線]ボタンに表示されるアイコンは、直前に一覧から選択した罫線を引く位置によって変わります。

段落の罫線の解除

解除したい範囲を選択し、[罫線]ボタンの▼をクリックして、一覧から[枠なし]をクリックします。

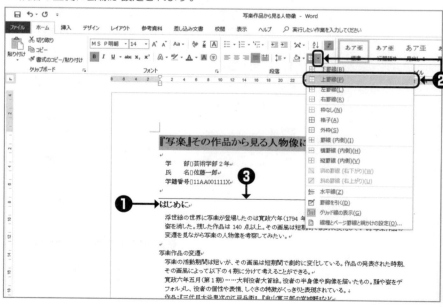

活用

段落の罫線は、罫線を引く位置の選び方によって、さまざまな使い方ができます。いろいろな設定を試してみましょう。[下罫線]と[左罫線]など、複数の位置を組み合わせて設定することもできます。

[外枠]を設定した例

[格子]を設定した例

[線種とページ罫線と網かけの設定]ダイアログボックスの[罫線]タブでは、線の種類や色、太さ、罫線を引く位置を細かく設定できます。
線の種類は[種類]ボックス、線の色は[色]ボックス、線の太さは[線の太さ]ボックスからそれぞれ選択します。罫線を引く位置は、[プレビュー]の周囲に表示されているボタンをクリックするか、絵の中の罫線を引きたい位置をクリックして設定します。

同じ書式を繰り返し設定する

見出しや繰り返し出てくるキーワードに同じ書式を設定すると、体裁もよく、文書に統一感が出ます。「書式のコピー/貼り付け」の機能を使うと、コピー元の範囲に設定されている書式だけをコピー先の範囲に貼り付けて、書式を揃えることができます。ここでは、7行目の見出し「はじめに」の書式を、12行目の「写楽作品の変遷」、28行目の「まとめ」、34行目の「参考文献」にコピーします。

55

[書式のコピー/貼り付け]ボタン

書式を貼り付ける先が1か所の場合は[書式のコピー/貼り付け]ボタンをクリックして貼り付け先をドラッグします。貼り付ける先が複数箇所の場合はダブルクリックして貼り付け先を連続してドラッグし、貼り付けが終了したら[書式のコピー/貼り付け]ボタンを再びクリックするか**Esc**キーを押してオフにします。

1. 7行目を選択します。
2. [ホーム]タブの [書式のコピー/貼り付け] [書式のコピー/貼り付け]ボタンをダブルクリックします。
3. マウスポインターの形が の状態になったら、12行目の「写楽作品の変遷」をドラッグします。

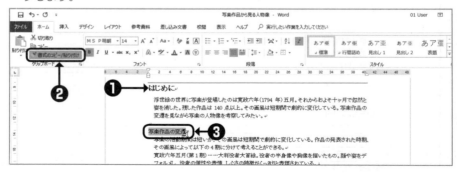

4. 7行目と同じ書式が設定されます。
5. 同様に、28行目の「まとめ」、34行目の「参考文献」をドラッグします。
6. もう一度、[ホーム]タブの [書式のコピー/貼り付け] [書式のコピー/貼り付け]ボタンをクリックしてオフにします。マウスポインターの形が元の状態に戻り、書式のコピー/貼り付けが終了します。

記号や番号付きの箇条書きにする

箇条書きの行頭に「●」「■」「✓」などの記号を付ける「行頭文字」や、「1. 2. 3.…」「①② ③…」「A) B) C)…」などの連続番号を付ける「段落番号」の機能を使うと、情報が整理されて読みやすくなります。行頭文字や段落番号には、次のような利点があります。

・行頭文字や段落番号を設定すると、ぶら下げインデントも同時に設定され、文章が2行以上になっても行頭位置が揃います。
・行頭文字や段落番号を設定した段落の末尾で**Enter**キーを押すと、次の行の先頭に同じ行頭文字や続きの段落番号が入力され、箇条書きを続けて作成できます。
・段落番号を設定した段落を削除、移動すると、自動的に番号が振り直されます。

●箇条書きの設定方法

行頭文字や段落番号付きの箇条書きを設定するには、次の2通りの方法があります。

・[ホーム]タブの [箇条書き]ボタン、 [段落番号]ボタンで設定する

入力済みの範囲を箇条書きに設定するときは、この方法を使います。

・入力オートフォーマット機能で行頭文字や段落番号を設定する

「・」などの記号や、「1.」「1)」などの番号を行頭に入力してスペースキーを押すと、入力オートフォーマット機能によって自動的に箇条書きが設定されます。そのまま文字を入力して**Enter**キーを押すと、続けて箇条書きを作成できる状態になります。文字を入力しながら箇条書きを作成するときは、この方法を使います。

●[箇条書き]ボタンを使った行頭文字の設定

15行目の「寛政六年五月…」から26行目の「…門之助』など」までの段落を、行頭文字「■」付きの箇条書きに設定します。

段落番号の設定

段落番号を設定するときは、同様に範囲を選択し、[ホーム]タブの[段落番号]ボタンの▼をクリックして、[番号ライブラリ]の一覧から設定する段落番号をクリックします。

行頭文字や
段落番号の解除

解除したい範囲を選択し、[箇条書き]ボタンや[段落記号]ボタンをクリックしてオフにします。

オートコレクトの
オプション

入力オートフォーマットによって箇条書きが設定されたり、文字が自動的に変更されたりした場合には、[オートコレクトのオプション]ボタンが表示されます。ボタンをクリックするとメニューが表示され、[元に戻す—…]を選択すると設定が解除されて入力したときの状態に戻ります。

1. 15～26行目を選択します。
2. [ホーム]タブの[箇条書き]ボタンの▼をクリックし、[行頭文字ライブラリ]の一覧から[■]をクリックします。
3. 段落の先頭に行頭文字「■」が設定されます。

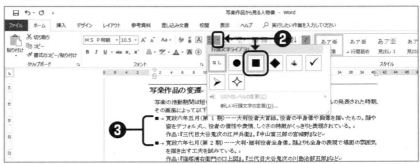

●入力オートフォーマット機能を使った段落番号の設定

見出し「参考文献」の下に、入力オートフォーマット機能を使って、段落番号付きの箇条書きを作成します。

1. 35行目にカーソルを移動します。
2. 「1.」と入力し、スペースキーを押します。
3. 「1.」が段落番号に設定されます。

4. 「向井栄太、「写楽の見方」、BP書房（2012）」と入力し、**Enter**キーを押します。
5. 次の行の先頭に「2.」と表示されます。

6. 「春川洋子、「江戸の絵師たち」、日経美術出版（2016）」と入力します。

活用

[箇条書き]ボタンや[段落番号]ボタンの一覧にない記号や番号を設定したいときは、ボタンの▼をクリックし、[新しい行頭文字の定義]や[新しい番号書式の定義]をクリックし、表示されるダイアログボックスで指定します。

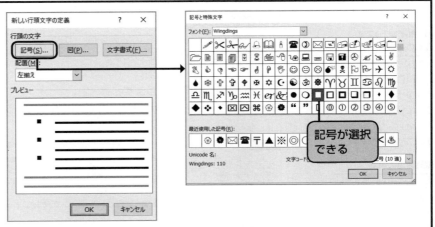

活用

段落番号は、連続番号にすることも「1」から振り直すこともできます。段落番号を変更したい段落内にカーソルを移動して右クリックし、ショートカットメニューから変更方法を選択します。
[1から再開]･･･選択した段落を「1」として、続きの番号を振り直します。
[自動的に番号を振る]･･･前の段落番号に続けて連続番号にします。
[番号の設定]･･･[番号の設定]ダイアログボックスが表示され、開始番号を自由に設定できます。

連続番号を「1」から振り直す場合の例

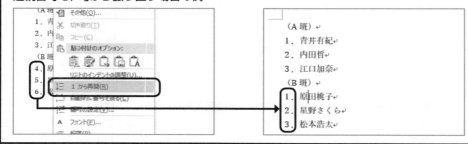

行や段落の間隔を調整する

行の下端から次の行の下端までの間隔のことを「行間」といいます。また、段落と段落との間隔のことを「段落間隔」といいます。行間や段落間隔を広げたり狭めたりすると、文章が読みやすくなったり、段落の区切りがわかりやすくなったりする効果があります。なお、段落間隔は、基準となる段落に対して、その前にある段落との間隔、後にある段落との間隔をそれぞれ設定できます。

段落
Enterキーを押して表示された↵（段落記号）で区切られた範囲を段落といいます。Shift + Enterキーを押して表示された↓（改行記号）で改行されている場合は、次の行も同じ段落になります。

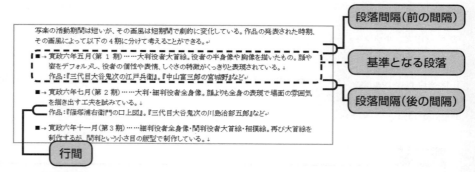

●**段落間隔の設定**
ここでは、13行目の「写楽の活動期間…」から26行目の「…門之助』など」までの段落の後の間隔を「0.5行」に設定します。

1. 13〜26行目を選択します。
2. [レイアウト]タブの [後の間隔]ボックスを「0.5行」に設定します。

pt（ポイント）での行間の指定
[間隔]ボックスは通常「行」単位の表示になっていますが、「20pt」のように「pt」を付けて入力するとpt（ポイント）で指定することができます。

段落間隔の解除
解除したい範囲を選択し、[前の間隔]ボックス、[後の間隔]ボックスを「0行」に設定します。

3. 段落後の間隔が変更されます。

活用

行間を設定するときは、行間を設定する範囲を選択し、[ホーム]タブの[行と段落の間隔]ボタンをクリックして、一覧から設定する行間の値をクリックします。行間の設定を解除するときは、一覧から[1.0]をクリックします。

[段落前に間隔を追加][段落後に間隔を追加]をクリックすると、段落の前後に12ポイントの間隔が追加されます。解除するときは、範囲を選択し、[段落前の間隔を削除][段落後の間隔を削除]をクリックします。

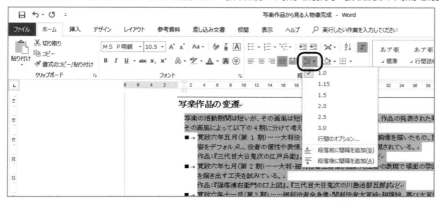

[行と段落の間隔]ボタンの一覧にない値を設定したり、行間を微調整したりする場合は、[段落]ダイアログボックスの[インデントと行間隔]タブで設定します。次のように操作します。

1. 行間を設定する範囲を選択し、[ホーム]タブの[行と段落の間隔]ボタンをクリックして、一覧から[行間のオプション]をクリックします。
2. [段落]ダイアログボックスの[インデントと行間隔]タブで[行間]ボックスの▼をクリックし、一覧から行間の値をクリックします。[最小値][固定値][倍数]を選択した場合は、[間隔]ボックスに行の間隔を設定し、[OK]をクリックします。

[最小値]……選択した範囲に、[間隔]ボックスで指定したポイント(pt)の値より大きなサイズの文字がある場合、その文字のサイズに合わせて行間が調整されます。

[固定値]……選択した範囲に入力されている文字のサイズに関係なく、[間隔]ボックスで指定したポイント(pt)の値に行間が固定されます。

[倍数]………通常の行間(1行)の何倍にするかを指定します。

練習問題

❶文書を新規作成し、用紙サイズを「B5」に設定しましょう。
❷次のように文字を入力しましょう。

```
　　　　　保養所利用申込書

　　　　　申請日：
　　　　　申請者：
　　　　　社員番号：
　　　　　所属：

　　　　　利用希望日
　　　　　第1希望□□月□□日（□）から□□泊

　　　　　利用希望施設
　　　　　清里ウッディハウス
　　　　　アヴェニール箱根
　　　　　鳥羽山海荘
　　　　　鳴門ガーデンプレイス
　　　　　（希望施設に〇を付けてください）

　　　　　利用者
　　　　　代表者名：
　　　　　利用人数：大人□□名、子ども□□名

　　　　　特記事項
```

❸1行目の「保養所利用申込書」のフォントサイズを「18」ポイントにし、中央揃えで配置しましょう。
❹3～6行目に段落の罫線の「格子」を設定しましょう。
❺8行目の「利用希望日」を太字にし、段落の罫線の「下罫線」を設定しましょう。
❻8行目の「利用希望日」と同じ書式を、11行目の「利用希望施設」、18行目の「利用者」、22行目の「特記事項」に設定しましょう。
❼9行目の「第1希望…」を10～11行目にコピーし、「第1希望」をそれぞれ「第2希望」「第3希望」に書き換えましょう。
❽14行目の「清里ウッディハウス」から17行目「鳴門ガーデンプレイス」を行頭文字「●」付きの箇条書きに設定しましょう。
❾文書を「B-L03-01」という名前で保存しましょう。

問題 3-2

❶ 文書を新規作成し、次のように文字を入力しましょう。

```
社外セミナー参加報告書

社外セミナーに参加しましたので、以下のとおりご報告します。
　【報告日】20XX年7月12日
　【報告者】CS推進部□中村美咲

セミナー概要
名称　→　CS再認識セミナー
主催者→パワーズコンサルティング株式会社
講師　→　□山内静香氏
開催日時　→　　20XX年7月11日□10:00～15:00
開催場所　→　　□セミナールーム
参加費用　→　　8,000円（テキスト代込み）
主な内容
CSの影響は／接遇OK？／クレームはプラス思考で／CS推進のために

所感
CS（顧客満足）についての基本的な考え方から、接遇やクレーム処理の実習。他社の事例に基づいてCS推進の具体策まで考える実用的なセミナーで、業務に直接反映できる内容だった。
顧客の視点に立つことの重要性が改めて理解できた。
クレームにはこれまでマイナスイメージしか持てなかったが、クレームを業務改善にいかすというプラスの考え方をする姿勢を学んだ。
CS推進のためには、顧客の要望を分析して問題点に優先順位を付け、短・中・長期の目標をたてて達成していくことが必要だとわかった。

添付資料

　　　　　　　　　　　　　　　　　　　　　　　　　　　　　　以上
```

❷ 1行目の「社外セミナー参加報告書」のフォントサイズを「14」ポイント、太字、中央揃えで配置し、段落の罫線の「外枠」を設定しましょう。

❸ 4～5行目の行頭が約25字の位置に揃うように左インデントを設定しましょう。

❹ 7行目の「セミナー概要」を太字、段落の背景の色を「テーマの色」の「白、背景1、黒＋基本色35%」に設定しましょう。

❺ 8～10行目の「名称」「主催者」「講師」の文字列に4字分の均等割り付けを設定しましょう。

❻ 9行目の「パワーズコンサルティング株式会社」の文字列を、10行目の「　山内静香氏」、12行目の「　セミナールーム」の前にコピーしましょう。

❼ 7行目の「セミナー概要」と同じ書式を、17行目の「所感」、27行目の「添付資料」に設定しましょう。

❽ 8行目の「名称…」から15行目の「CSの影響は…」、18行目の「CS（顧客満足）…」から25行目の「…必要だとわかった。」を、行頭文字「❖」付きの箇条書きに設定しましょう。

❾ 18行目の「CS（顧客満足）…」から25行目の「…必要だとわかった。」の段落後の間隔を「0.5行」に設定しましょう。

❿ 27行目の「添付資料」のすぐ下に、段落番号「1)」「2)」付きの箇条書きを作成しましょう。入力内容は「セミナーテキスト」「CSチェックシート」とします。

⓫ 文書を「B-L03-02」という名前で保存しましょう。

問題 3-3

❶文書を新規作成し、上下の余白を「25mm」に設定しましょう。
❷次のように文字を入力しましょう。

```
アンケート

本日は、やまね家具展示会場へお越しいただき誠にありがとうございます。
今後のよりよい製品開発、サービスのご提供のため、お客様のお声をお聞かせください。
最も印象に残った展示コーナーはどちらでしたか？
 １．リビング　→　２．ダイニング→３．ベッドルーム
 ４．キッチン　→　５．キッズルーム　　→　６．バス・トイレ
 ７．その他
展示方法はいかがでしたか？
 １．とても見やすかった→２．見やすかった　→　３．どちらともいえない
 ４．見づらかった　→　５．とても見づらかった
理由：
ご来場のきっかけを教えてください。
 １．新聞　→　２．テレビ　→　３．インターネット
 ４．知人からのご紹介　→　５．当社からのご案内状→６．その他：
ご案内の係員の対応はいかがでしたか？
 １．おおいに満足　→　２．満足　→　３．どちらともいえない
 ４．不満　→　５．おおいに不満
理由：
ご意見・ご要望がございましたら、ご自由にご記入ください。



ご協力ありがとうございました。差し支えなければ、以下にもご記入ください。
お名前：
ご住所：
ご連絡先：　→　メールアドレス：
年齢：→ご職業：
ご記入いただいた個人情報は、アンケートの集計・分析および今後の製品開発、マーケティング資料作成、当社からのご案内に利用させていただく場合があります。
```

❸1行目の「アンケート」のフォントサイズを「18」ポイント、フォントを「HG創英角ゴシックUB」、段落の背景の色を「テーマの色」の「青、アクセント5」、フォントの色を「テーマの色」の「白、背景1」に設定しましょう。
❹5行目の「最も印象に残った…」について、次のように設定しましょう。
・フォントを「MSゴシック」、フォントの色を「テーマの色」の「青、アクセント5」、太字に設定しましょう。
・段落の下に、線の色が「テーマの色」の「青、アクセント5」、太さが「1.5pt」の罫線を引きましょう。
・段落番号「1.」付きの箇条書きに設定しましょう。
・段落の前の間隔を「0.5行」に設定しましょう。
❺5行目の「最も印象に残った…」と同じ書式を、9行目の「展示方法は…」、13行目の「ご来場のきっかけ…」、16行目の「ご案内の係員の…」、20行目の「ご意見・ご要望が…」に設定しましょう。
❻6行目の「１．リビング…」から8行目の「７．その他」に、約2字分の左インデント、約15字、約28字の位置に左揃えタブを設定しましょう。
❼6～8行目と同じ書式を、10～12行目、14～15行目、17～19行目に設定しましょう。

8 25行目の「お名前：」から28行目の「年齢：…」について、下図を参考に、次のように設定しましょう。

・約1字分の左インデントを設定しましょう。
・図のように段落の罫線を設定しましょう。その際、線の色は「自動」、線の太さは「0.5pt」に設定します。
・行間を「1.5行」に設定しましょう。
・「メールアドレス」「ご職業」の文字列の左端が約18字の位置で揃うように左揃えタブを設定しましょう。

ご協力ありがとうございました。差し支えなければ、以下にもご記入ください。↵

お名前：↵

ご住所：↵

ご連絡先：　　　　　　→　　　　　メールアドレス：↵

年齢：　　　　　　　→　　　　　ご職業：↵

ご記入いただいた個人情報は、アンケートの集計・分析および今後の製品開発、マーケティング資料作成、当社からのご案内に利用させていただく場合があります。↵

9 文書を「B-L03-03」という名前で保存しましょう。

Lesson 4 表、画像、図形を使った文書の作成

申込書や商品一覧など項目と項目内容を分類して記載する文書では、表を使うと情報を整理して表示することができます。お知らせや案内状では、イラストや写真などの画像があると文書のイメージが伝わりやすくなります。ここでは、表、画像、図形を挿入して、文章とともに配置する方法を学習します。

キーワード

- □□表
- □□セル
- □□行の高さ
- □□列の幅
- □□行や列の挿入、削除
- □□セルの結合
- □□画像
- □□文字列の折り返し
- □□図のスタイル
- □□図形

このレッスンのポイント

- 表を挿入する
- 表の形や配置を整える
- 画像を挿入する
- 画像にスタイルを適用する
- 図形を作成する

完成例（ファイル名：体験レッスンのご案内.docx）

お客様各位

パン作り体験レッスンのご案内

「教室に通いたいけれど、初めてなので不安」という方のために、パン作りの体験レッスンを開催しています。天然酵母を使用した本格的なパン作りを体験できます。お仕事帰りや空き時間にぜひご参加ください。

日　時→月、木曜日の 14 時、19 時

時　間→約 2 時間

費　用→2000 円

持ち物→エプロン、タオル、筆記用具

お問い合わせ：ハッピーブレッド工房

電話□03-1234-xxxx

＜申し込みフォーム＞

お名前		電話番号	
ご住所	〒		
ご希望日		時間帯	
DM	希望する・希望しない		
ご要望など			

表を挿入する

「表」は次のような要素で構成されます。行と列で区切られた1つ1つのマス目を「セル」と呼びます。

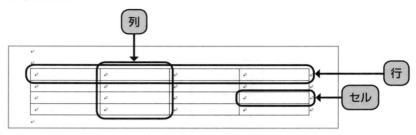

● 文書の準備

文書を新規作成し、次のように設定しましょう。

・下図のように文字を入力します。
・3行目の「パン作り体験レッスンのご案内」のフォントサイズを「14」ポイントに設定し、中央揃えで配置します。
・9～12行目のフォントサイズを「11」ポイントに設定し、行頭が約4字の位置に揃うように左インデントを設定します。
・14～15行目の発信者を右揃えで配置します。
・18行目の「＜申し込みフォーム＞」のフォントサイズを「12」ポイントに設定します。
・「体験レッスンのご案内」という名前で保存しておきます。

●表の挿入

ここでは、最終行（19行目）に4行5列の表を挿入します。

1. 最終行（19行目）にカーソルを移動します。
2. ［挿入］タブの[表]ボタンをクリックし、マス目の4行5列の位置をクリックします。
3. 4行5列の表が挿入されます。

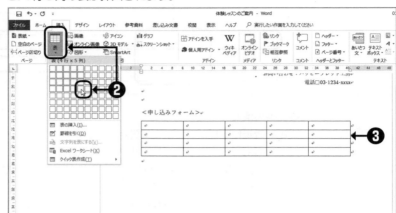

［表の挿入］ダイアログボックス

8行10列より大きい表を挿入する場合は、［表］ボタンをクリックし、一覧から［表の挿入］をクリックします。［表の挿入］ダイアログボックスの［表のサイズ］の［列数］［行数］の各ボックスに数値を設定し、［OK］をクリックします。

表ツール

表を挿入すると、リボンに［表ツール］の［デザイン］タブと［レイアウト］タブが追加されます。

表の削除

表内の任意のセルにカーソルを移動し、［表ツール］の［レイアウト］タブの[削除]ボタンをクリックして、一覧から［表の削除］をクリックします。

選択の解除

選択している範囲以外の場所をクリックします。

挿入コントロール

表の行の左側や列の上側をポイントすると、行や列の境界線が二重になり⊕が表示されます。これを「挿入コントロール」といいます。クリックすると、その位置に行や列が追加されます。

●表の選択

表の各要素を選択するときは、次のように操作します。

・「セル単位」で選択

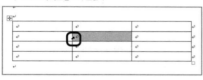

セルの左側をポイントし、マウスポインターの形が▲の状態になったらクリックします。複数のセルを選択するときは、そのままドラッグします。

・「列単位」で選択

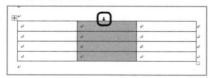

列の上側をポイントし、マウスポインターの形が↓の状態になったらクリックします。複数列を選択するときは、そのまま左右方向にドラッグします。

・「行単位」で選択

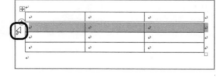

行の左側をポイントし、マウスポインターの形が⇗の状態になったらクリックします。複数行を選択するときは、そのまま上下方向にドラッグします。

・「表全体」を選択

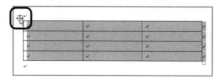

表の左上にある⊞移動ハンドルをポイントし、マウスポインターの形が✥の状態になったらクリックします。

●表への文字の入力

表に文字を入力するときは、入力するセルをクリックするか、下表のようなキー操作でカーソルを移動しながら入力します。

Tabキー、 右矢印（→）キー	右隣のセルにカーソルが移動します。右端のセルで**Tab**キーを押すと、次の行の先頭のセルにカーソルが移動します。最終行の右端のセルで**Tab**キーを押すと、行が追加されます。
Shift＋**Tab**キー、 左矢印（←）キー	左隣のセルにカーソルが移動します。左端のセルで**Shift**＋**Tab**キーを押すと、前の行の右端のセルにカーソルが移動します。
上矢印（↑）キー	上のセルにカーソルが移動します。
下矢印（↓）キー	下のセルにカーソルが移動します。

1. 表の1行1列目のセルにカーソルを移動します。
2. 「お名前」と入力し、**Tab**キーを押します。
3. 右隣のセルにカーソルが移動します。続けて、下図のように文字を入力します。

表内の文字削除
表全体を選択し、**Delete**キーを押すと、表内のすべての文字が削除されます。

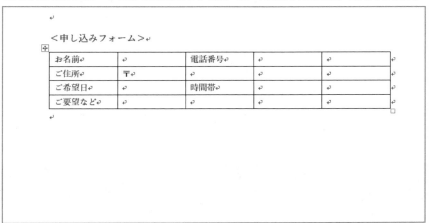

活用

表を作成するには、次のような方法もあります。

・マウス操作で罫線を引く

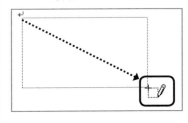

マウス操作で任意の大きさ、形の表を作成できます。[挿入]タブの[表]ボタンをクリックし、一覧から[罫線を引く]をクリックすると、マウスポインターの形が✐の状態になります。対角線方向にドラッグすると、外枠線を引けます。続けて、枠内で縦方向、横方向、斜め方向にドラッグすると、縦線、横線、斜線を引くことができます。**Esc**キーを押すか、[表ツール]の[レイアウト]タブの[罫線を引く]ボタンをクリックすると、[罫線を引く]ボタンがオフになり、マウスポインターの形が元に戻ります。

・マウス操作で罫線を削除する

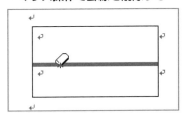

また、罫線を削除するときは、[表ツール]の[レイアウト]タブの[罫線の削除]ボタンをクリックします。マウスポインターの形が◌の状態になったら、削除したい罫線の上をドラッグします。**Esc**キーを押すか、[罫線の削除]ボタンをクリックすると、[罫線の削除]ボタンがオフになり、マウスポインターの形が元に戻ります。

（次ページへ続く）

・入力済みの文字列を表に変換する
下図のように入力済みの文字列を表に変換することができます。文字列と文字列の間は、タブや「,」（半角のカンマ）で区切っておきます。

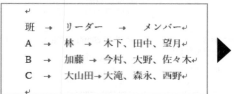 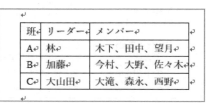

1. 表に変換する範囲を選択します。
2. ［挿入］タブの [表]ボタンをクリックし、一覧から［文字列を表にする］をクリックします。
3. ［文字列を表にする］ダイアログボックスで、［表のサイズ］の［列数］と［文字列の区切り］の設定を確認し、［OK］をクリックします。なお、［自動調整のオプション］の［文字列の幅に合わせる］をクリックすると、上右図のように、列の幅が文字列の長さに合わせて調整されます。

表の形や配置を整える

挿入した表は、行の高さや列の幅の変更、行や列の挿入や削除、セルの結合などを行って、目的に合う形に整えます。表を編集するには、表内にカーソルを移動して表示される［表ツール］の［デザイン］タブと［レイアウト］タブを使用します。また、作成した表の配置を変更する場合は、表全体を選択してから［ホーム］タブの [中央揃え］ボタンや [右揃え］ボタンをクリックします。

表ツール
カーソルを表以外の部分に移動すると、非表示になります。

●行の高さ、列の幅の変更
行の高さや列の幅を変更するには、マウス操作で変更する方法と［表ツール］の［レイアウト］タブの 高さ: 6.4 mm ［高さ］ボックスや 幅: 30 mm ［幅］ボックスに数値を設定して変更する方法があります。
ここでは、表の1列目と3列目の幅をマウス操作で変更し、その他の列の幅と2行目の高さを数値で指定して変更します。

1. 表の1列目の幅を変更します。表の1列目と2列目の間の縦罫線をポイントし、マウスポインターの形が ｜｜ の状態になったら、ダブルクリックします。

2. 1列目の文字列の長さに合わせて、列の幅が調整されます。
3. 2列目の任意のセルをクリックし、［表ツール］の［レイアウト］タブの 幅: 30 mm ［幅］ボックスを「60mm」に設定します。

列の幅や行の高さの変更

マウスでドラッグして任意の幅や高さに変更できます。幅を変更したい列の縦線をポイントし、マウスポインターが ←||→ の状態になったら左右方向にドラッグします。高さを変更したい横線をポイントし、マウスポインターが ⇵ の状態になったら上下方向にドラッグします。

高さや幅を揃える

行や列を選択し、[表ツール]の[レイアウト]タブの [高さを揃える][高さを揃える]ボタンや [幅を揃える][幅を揃える]ボタンをクリックすると、選択した行や列の高さや幅が同じになります。

表全体のサイズの変更

表全体のサイズを変更するときは、表の右下にあるサイズ変更ハンドル（□）をポイントし、マウスポインターの形が の状態になったら拡大縮小したい方向へドラッグします。

4. 手順1と同様の操作で、3列目の列の幅を自動調整します。
5. 4列目の列の幅を「35mm」に変更します。
6. 続けて、2行目の行の高さを変更します。2行目の任意のセルをクリックし、[表ツール]の[レイアウト]タブの [高さ: 6.4 mm] [高さ]ボックスを「20mm」に設定します。

7. 行の高さが変更されます。
8. 同様の操作で、4行目の行の高さを「20mm」に変更します。

●行や列の挿入、削除

Word 2019では、行や列の境界線の左端または上端をポイントすると挿入コントロール（⊕）が表示され、クリックするとその位置に行や列が追加されます。削除するときは、[表ツール]の[レイアウト]タブの [削除]ボタンをクリックし、カーソルのあるセルに対してセル、列、行、表のいずれを削除するのかを指定します。ここでは、表の4行目（「ご要望など」の行）の上に行を追加します。また表の右端の列を削除します。

1. 3行目と4行目の境界線の右端をポイントします。
2. 挿入コントロール（⊕）が表示されるのでクリックします。

3. 「ご要望など」の行の上に、行が挿入されます。
4. 追加した行の1列目に「DM」、2列目に「希望する・希望しない」と文字を入力します。
5. 続けて、表の右端の列を削除します。表の右端の列の任意のセルにカーソルを移動します。
6. [表ツール]の[レイアウト]タブの [削除]ボタンをクリックし、一覧から[列の削除]をクリックします。
7. 右端の列が削除されます。

行や列の挿入

行や列の挿入は、[表ツール]の[レイアウト]タブのボタンを使っても行えます。カーソルのあるセルに対して上下左右のどの位置に行や列を追加するかによって [上に行を挿入]、[下に行を挿入]、[左に列を挿入]、[右に列を挿入]ボタンをクリックします。

69

セルの分割

1つのセルを複数のセルに分けることもできます。分割するセルを選択し、[表ツール]の[レイアウト]タブの[セルの分割][セルの分割]ボタンをクリックします。[セルの分割]ダイアログボックスの[列数][行数]の各ボックスに数値を設定し、[OK]をクリックします。

●セルの結合

セルの結合とは、複数のセルをまとめて1つのセルにすることです。ここでは、表の2、4、5行目の2～4列目のセルを行ごとに結合します。

1. 表の2行目の2～4列目のセルを選択します。
2. [表ツール]の[レイアウト]タブの[セルの結合][セルの結合]ボタンをクリックします。

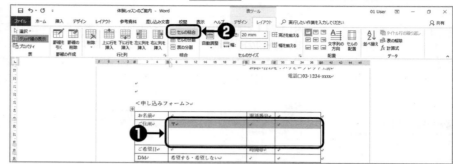

3. 選択したセルが結合されます。
4. 同様の操作で、4行目と5行目の2～4列目のセルをそれぞれ結合します。

●表の配置の変更

最後に表内の文字列の位置と表全体の配置を整えます。ここでは、「〒」以外をセル内の中央揃えにして、表全体を中央揃えで配置します。

1. 「〒」以外の文字の入力されているセルを選択します。
2. [ホーム]タブの[中央揃え]ボタンをクリックします。

複数のセル範囲を同時に選択

1つ目のセル範囲を選択したあと、**Ctrl**キーを押しながら2つ目以降のセル範囲を選択します。

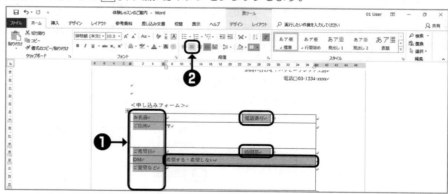

3. 選択したセルの文字列が中央に配置されます。
4. [表の移動ハンドル]をクリックして、表全体を選択します。

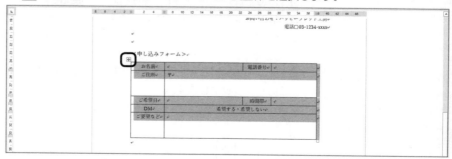

5. [ホーム]タブの[中央揃え]ボタンをクリックします。
6. 表全体が中央揃えで配置されます。

画像を挿入する

イラストや写真には、伝えたいイメージを補ったり、読む人に興味を持たせたりする効果があります。あらかじめイラストや写真などを画像ファイルとしてコンピューター内に保存しておけば、Word文書に取り込んで効果的な文書を作成できます。ここでは、パンのイラストの画像ファイルを挿入し、画像の周りの文字の折り返しを設定し、画像の配置を変更します。

●画像の挿入
9行目に画像ファイル「パンのイラスト」を挿入します。

1. 9行目の行頭にカーソルを移動します。
2. [挿入]タブの [画像] ボタンをクリックします。
3. [図の挿入]ダイアログボックスで画像ファイル[パンのイラスト]をクリックして、[挿入]をクリックします。

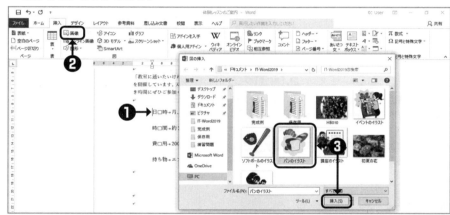

4. 画像が挿入されます。

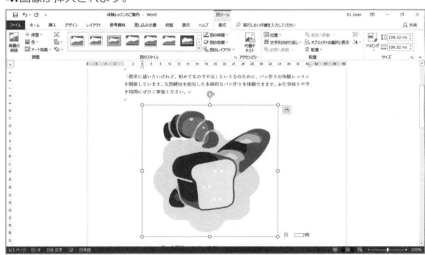

オンライン画像の挿入

[挿入]タブの[オンライン画像][オンライン画像]ボタンから[画像の挿入]ウィンドウを表示してWeb上で提供されている写真やイラストなどの素材データを検索して挿入することができます(インターネット接続環境が必要)。使用に際しては、画像を選択すると表示されるURLからライセンス内容(著作者の表示や改変禁止など)を順守して利用するようにします。

画像の削除

画像を選択して**Delete**キーを押します。

図ツール

画像を挿入すると、リボンに[図ツール]の[書式]タブが追加されます。

文字列の折り返し

画像を選択し、[書式]タブの[文字列の折り返し][文字列の折り返し]ボタンをクリックしても、文字列の折り返しの種類の一覧が表示され、設定できます。また、一覧から[その他のレイアウトオプション]をクリックすると、[レイアウト]ダイアログボックスが表示され、[文字列の折り返し]タブで、折り返しの種類、画像の左右どちらに文字列を配置するか、画像と文字列の間隔などの詳細な設定ができます。なお、このダイアログボックスでは右表の種類の[狭く]は[外周]と表記されています。

図形の高さと幅

図形の高さと幅は、Wordの初期値で縦横比を固定する設定になっているため、[図形の高さ]ボックスで数値を指定すると、同じ倍率で[図形の幅]ボックスの数値が自動的に設定されます。

●サイズと文字列の折り返しの変更

画像を選択すると、周囲に枠線とサイズ変更ハンドル（○）が表示されます。この、サイズ変更ハンドル（○）をドラッグしてサイズを変更できます。また、[書式]タブの[図形の高さ]ボックスや[図形の幅]ボックスでサイズを指定して変更することも可能です。

文字列の折り返しを変更すると、画像と文字列の配置を調整でき、画像を自由に移動することができます。文字列の折り返しには、次のような種類があります。

種類	配置
[行内]	行内のカーソルの位置に画像が配置されます。
[四角形]	画像の周囲を四角く囲むように文字列が折り返されます。
[狭く]	画像の輪郭に沿って文字列が折り返されます。
[内部]	画像の周囲と内部の空白部分に文字列が配置されます。
[上下]	画像の上と下の行に文字列が配置されます。
[背面]	画像と文字が重なり、画像が文字列の背面に配置されます。
[前面]	画像と文字が重なり、画像が文字列の前面に配置されます。

ここでは、画像の高さを「42mm」に変更し、文字列の折り返しを「四角形」に設定します。さらに画像を箇条書きの右側に配置します。

1. 画像を選択します。
2. [書式]タブの[図形の高さ]ボックスを「42mm」に設定します。
3. 画像のサイズが変更されます。

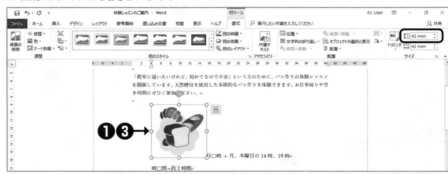

4. 続けて、文字列の折り返しを変更します。[レイアウトオプション]ボタンをクリックし、[文字列の折り返し]の[四角形]をクリックします。
5. 文字列の折り返しが変更され、文字列が画像の横に回り込みます。
6. [レイアウトオプション]の[×]閉じるボタンをクリックします。

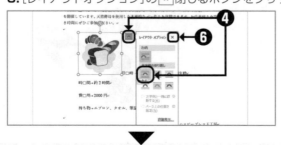

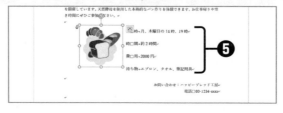

画像の移動

文字列の折り返しが[行内]以外の場合、画像をドラッグして、任意の場所に移動できます。Word 2019では、文書の余白や中央などに合わせて「配置ガイド」という緑の線が表示され、調整が簡単にできます。

7. 画像をポイントし、マウスポインターの形が の状態になったら、箇条書きの右側にドラッグします。

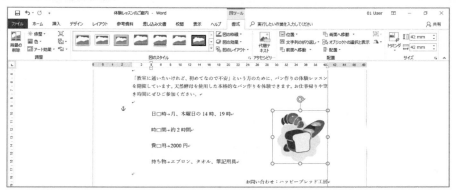

8. 画像の配置が変更されます。

画像にスタイルを適用する

画像を挿入すると、リボンに[図ツール]の[書式]タブが追加されます。このタブには、文字列の折り返しの変更のほか、画像の色や形状、枠線を変更したり、効果を設定したりするなど、さまざまな編集機能が用意されています。また、形状や枠線、効果の設定を組み合わせた「スタイル」も用意されています。
ここでは、画像に「対角を切り取った四角形、白」のスタイルを適用します。

1. 画像を選択します。
2. [図ツール]の[書式]タブの[図のスタイル]グループの [その他]ボタンをクリックします。

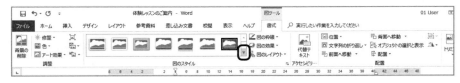

3. 一覧から[対角を切り取った四角形、白]をクリックします。
4. 画像にスタイルが適用されます。

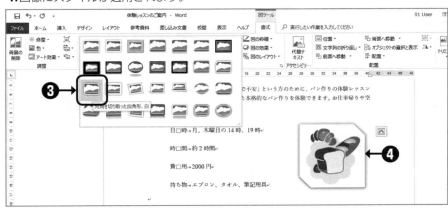

図ツール

画像の選択を解除すると非表示になります。

画像の回転

画像の上に表示されている回転ハンドル( )をポイントし、マウスポインターの形が の状態になったら、ドラッグします(ドラッグを始めると に変わります)。**Shift**キーを押しながらドラッグすると、15度ずつ回転できます。

73

図形を作成する

簡単な地図や見取り図、配置図などは、Wordの図形描画機能で作成することができます。直線、矢印、円、四角形、ブロック矢印、フローチャート、吹き出し、星、リボンなど、さまざまな図形を文書に挿入できます。
ここでは、簡単な図形を2つ作成します。楕円を使ってタイトル「パン作り体験レッスンのご案内」の周囲を縁取り、直線を使って申込書の上に点線を描画します。さらに、図形の色や線の種類を変更します。

1. 文書をスクロールして、3行目の「体験レッスンのご案内」を表示しておきます。
2. [挿入]タブの [図形▼] [図形]ボタンをクリックし、[基本図形]の一覧から[楕円]をクリックします。

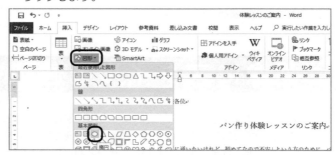

3. マウスポインターの形が ＋ の状態になったら、図のような位置にマウスポインターを移動し、右下方向にドラッグします。

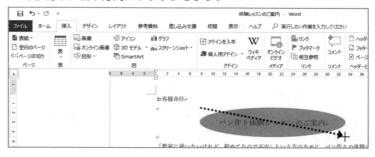

4. 楕円が描画され、文字列の上に配置されます。

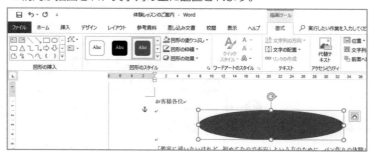

描画ツール
図形を挿入すると、リボンに[描画ツール]の[書式]タブが追加されます。

図形の選択
図形はマウスポインターの形が ✥ の状態でクリックして選択します。選択された状態のときは、周囲にサイズ変更ハンドル(○)が表示されます。

図形の移動
図形を選択して目的の位置までドラッグします。また、図形を選択した状態で方向キーを押すと、位置を微調整できます。

図形のコピー
同じ図形はコピーすると効率的です。図形をコピーするときは、**Ctrl**キーを押しながらドラッグします。コピー先では、マウスのボタンから先に指を離し、次にキーから指を離します。**Shift**キーを押しながら移動やコピーの操作を行うと、水平または垂直方向に移動、コピーできます。

74

図形の色
図形を選択して、[書式]タブの[図形の塗りつぶし]→[図形の塗りつぶし]ボタンをクリックした一覧の[テーマの色]や[標準の色]から図形の色を選択できます。

5. 図形が選択されている状態で、[書式]タブの[図形の塗りつぶし▼][図形の塗りつぶし]ボタンをクリックし、[塗りつぶしなし]をクリックします。

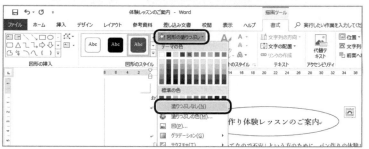

6. 図形の塗りつぶしがなくなり、タイトルの文字列が表示されます。

7. 次に、申し込みフォームとの間を区切る直線を描画します。文書をスクロールして、18行目の「＜申し込みフォーム＞」の上の行を表示しておきます。

8. [挿入]タブの[図形▼][図形]ボタンをクリックし、[線]の一覧から[線]をクリックします。

描画する図形の選択
図形が選択されている状態で表示される[描画ツール]の[書式]タブの[図形の挿入]グループの[その他]ボタンをクリックしても図形の一覧が表示され、図形の種類を選択できます。

9. マウスポインターの形が十の状態になったら、17行目（＜申し込みフォーム＞の上の行）にマウスポインターを移動し、**Shift**キーを押しながら横方向にドラッグします。

水平、垂直な線を引く
Shiftキーを押しながらドラッグすると、水平、垂直な線を引けます。

10. 直線が描画されます。

11. 続けて、[描画ツール]の[書式]タブの[図形の枠線▼][図形の枠線]ボタンをクリックし、[実践/点線]をポイントし、一覧からの[長破線]をクリックします。

12. 線の種類が長破線に変更されます。

線の色や太さの変更
[書式]タブの[図形の枠線▼][図形の枠線]ボタンをクリックした一覧の[テーマの色]や[標準の色]から線の色を、[太さ]をポイントして表示される一覧から線の太さを変更できます。

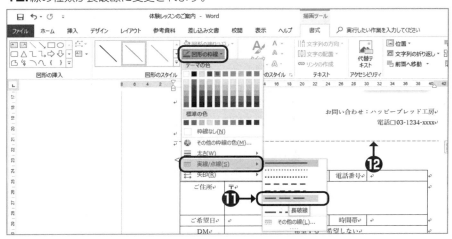

練習問題

1 文書を新規作成し、次のように文字を入力しましょう。

```
20XX年9月2日
学生各位
学生課□杉山

ソフトボール大会のお知らせ
□今年も恒例のソフトボール大会を下記の日程で開催します。参加希望チームの代表は、以下の申込書に必要事項を記入し、9月20日までに学生課：杉山まで提出してください。
□なお、当日は焼き鳥やおにぎり、ドリンク類のサービスや参加賞、応援賞も用意していますので、友人・家族の方もお誘いいただき、応援をよろしくお願いいたします。

                        記

日時  →  10月8日（土）□午前9集合
場所  →  東川キャンパス□グラウンド
                                              以上

切り取り
ソフトボール大会参加申込書
```

2 1行目の発信日、3行目の発信者を右揃えで配置しましょう。
3 5行目の件名、16行目の見出しのフォントサイズを「14」ポイントにし、中央揃えで配置しましょう。
4 12、13行目に約6字分の左インデントを設定しましょう。
5 15行目を中央揃えで配置し、左右に点線（破線）を描画しましょう。
6 17行目に5行2列の表を挿入しましょう。
7 表に次のように文字を入力しましょう。

チーム名	
代表者	氏名
	学部
	携帯電話番号
メンバー	

8 1列目の幅を文字列の長さに合わせて調整しましょう。
9 1列目の2～4行目のセルを結合しましょう。
10 5行2列目のセルを分割しましょう。列数は「1」、行数は「11」に設定します。
11 5行2列目のセルに「氏名（学部）」と入力しましょう。
12 2列目の幅を「85mm」に変更しましょう。
13 表全体を中央揃えで配置しましょう。
14 6行目の行頭に画像ファイル「ソフトボールのイラスト」を挿入しましょう。
15 画像の図形の高さを「35mm」に変更し、文字列の折り返しを「四角形」に設定しましょう。
16 文書を「B-L04-01」という名前で保存しましょう。

1 文書を新規作成し、印刷の向きを「横」に設定しましょう。
2 次のように文字を入力しましょう。

```
KTS Culture School
公開講座のご案内（9月）
```

3 1～2行目のフォントサイズを「12」ポイントにし、中央揃えで配置しましょう。
4 4行目に9行6列の表を挿入しましょう。
5 表に次のように文字を入力しましょう。
6 1列目の幅を「50mm」、2列目の幅を「55mm」に設定しましょう。
7 3～6列目の幅を文字列の長さに合わせて調整しましょう。

講座名	講師	開催日	時間	受講料（会員）	受講料（一般）
源氏物語の色と香り	南原大学文学部教授 沢井一道	9月3日（土）	13:00～14:00	2,700 円	2,970 円
幕末の江戸と京都	折原歴史館学芸員 森下杏子	9月10日（土）	10:00～11:30	2,700 円	2,970 円
リラックスヨガ	河北ヨガ療法学会 山本公太郎	9月13日（火）	15:00～16:30	2,160 円	2,370 円
はじめてのフラメンコ	森のダンス教室主宰 森野美佐	9月14日（水）	14:00～15:30	2,700 円	2,970 円
色鉛筆で小さなイラスト	絵本作家 みずのはるな	9月20日（火）	15:00～17:00	3,020 円	3,320 円
モノのない豊かな暮らし	生活アドバイザー 澤山はるみ	9月23日（金）	10:00～11:30	2,160 円	2,370 円
テーブルコーディネート	インテリアコーディネーター 崎本かおり	9月24日（土）	13:00～15:00	3,020 円	3,320 円
デジカメで野の花を撮る	自然写真家 酒田弘樹	9月28日（水）	10:00～16:00	6,480 円	7,120 円

8 表の1行目を「中央揃え」、5～6列目の金額を入力したセルの文字列の配置を「右揃え」に設定しましょう。
9 表全体を中央揃えに配置しましょう。
10 1～2行目を囲むように図形の「星とリボン」の「スクロール：横」を挿入しましょう。
11 図形の塗りつぶしをなし、図形の枠線を「標準の色」の「紫」に変更しましょう。
12 1行目に画像ファイル「講座のイラスト」を挿入しましょう。
13 画像の高さを「29mm」に変更し、画像の文字列の折り返しを「前面」に設定しましょう。
14 図のスタイルを「透視投影、影付き、白」に設定して、1～2行目の右端に配置しましょう。
15 文書を「B-L04-02」という名前で保存しましょう。

問題 4-3

1 文書を新規作成し、用紙サイズを「B5」に設定しましょう。
2 次のように文字を入力しましょう。文書の先頭1行を空白行として、9行目と12～16行目に約2字のインデントを設定します。

```
星空観測会のお誘い

今年は、ふたつの彗星の大接近をはじめ、天文イベントが目白押しです。
日ごろのストレスを忘れて、一緒に美しい夜空をながめてみませんか？
★定例観測会
    毎月第2、4水曜日 20時～

★特別観測会（予定）
    1月20日20時～  →  カタリナ彗星の接近
    4月12日20時～  →  土星環観測会
    6月15日20時～  →  パンスターズ彗星の接近
    9月19日20時～  →  仲秋の名月鑑賞会
    12月13日20時～ →  ふたご座流星群

お問い合わせは
一之瀬大学天文同好会
横山達也 090-0000-0000 → tyoko@abcxx.ne.jp
神崎千景 090-0000-0001 → tkanaza@abcxx.ne.jp
部室：東2号館 405

興味のある方は、お気軽にお立ち寄りください！
```

3 文書内のすべての文字のフォントを「MS Pゴシック」に設定しましょう。
4 2行目の見出しのフォントサイズを「24」ポイントにし、中央揃えで配置しましょう。
5 2行目の左上に、「星とリボン」の「星：5pt」の図形を描画しましょう。
6 星の図形の塗りつぶしの色を「オレンジ、アクセント2」、枠線を「枠線なし」に設定しましょう。
7 星の図形を2行目の右下にコピーしましょう。
8 8行目の「★定例観測会」、11行目の「★特別観測会（予定）」、19行目の「一之瀬大学天文同好会」のフォントサイズを「12」ポイントにしましょう。
9 12～16行目の文字列を「文字列の幅に合わせた」表に変換しましょう。
10 18行目の「お問い合わせは」の行頭に画像ファイル「天文学のイラスト」を挿入しましょう。
11 画像の図形の高さを「42mm」に設定し、文字列の折り返しを「四角形」に設定しましょう。
12 画像に「楕円、ぼかし」のスタイルを設定しましょう。
13 文書を「B-L04-03」という名前で保存しましょう。

縦横比が同じ図形を描く
図形のボタンをクリックし、**Shift** キーを押しながらドラッグすると、縦横の比率が同じ図形を描くことができます。

Chapter2

プレゼンテーション

Lesson**5**　プレゼンテーションの企画 ——————— 81

Lesson**6**　わかりやすいストーリー構成 ——————— 97

Lesson**7**　センスアップするレイアウトデザイン —— 107

Lesson**8**　イメージを伝えるイラスト・写真活用 —— 122

PowerPoint 2019 の画面

PowerPoint 2019の画面の各部の名称を確認しましょう。

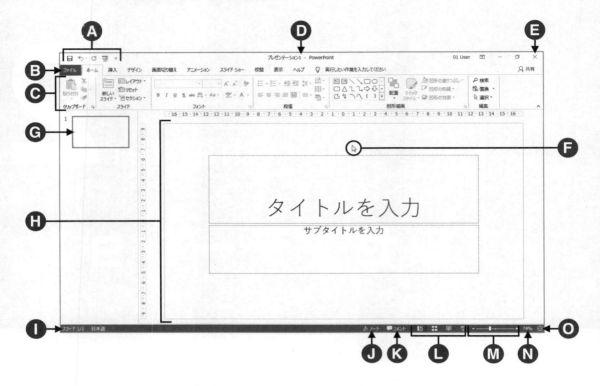

A クイックアクセスツールバー
［上書き保存］［元に戻す］ボタンなど、よく利用するボタンが配置されています。

B ［ファイル］タブ
クリックすると、［新規］［開く］［名前を付けて保存］［印刷］などの画面が表示され、ファイルに関する操作ができます。

C リボン
操作で使用できるコマンドがグループごとに整理され、タブごとにまとめられています。

D タイトルバー
アプリケーション名やファイル名などが表示されます。

E 閉じるボタン
アプリケーションを終了するときに使用します。複数ファイルを開いている場合は、アクティブなファイルだけを閉じます。

F マウスポインター
ポイントする場所や状況によって形が変わります。

G ［スライド］サムネイル
標準表示モードでスライドの一覧表示を行います。

H スライドペイン
スライドの作成、編集などを行う領域です。

I ステータスバー
スライドの枚数や適用されているテーマなど、状況に合わせたプレゼンテーションに関する情報が表示されます。

J ノート
表示しているスライドに関するメモ（ノート）を入力できる「ノートペイン」の表示/非表示を切り替えます。

K コメント
コメント作業用のウィンドウが表示され、これまでに入力されたコメントを見たり、自分のコメントを記入できます。

L スライドの表示モードを切り替えることができます。

M ズームスライダー
画面の表示倍率を切り替えます。

N ズーム
現在の表示倍率が表示されています。クリックすると［ズーム］ダイアログボックスが表示されます。

O アプリケーションウィンドウのサイズに合わせてスライドを拡大、縮小することができます。

Lesson 5 プレゼンテーションの企画

「プレゼンテーション」とは、報告、企画、提案など、自分が伝えたい内容を聞き手の前で説明する「発表」のことです。聞き手に理解してもらい、成果を得るために行います。成果はプレゼンテーションの目的によって違いますが、「プレゼンテーションが終わったあと、聞き手にこうしてほしいと思っていること」が実現する状態です。たとえば、報告を理解して納得してもらう、企画や提案を理解して採用してもらうなどです。
このレッスンでは、プレゼンテーションの目的を明確にして、聞き手のニーズ（求めること）を予測し、効果的なプレゼンテーションを企画するポイントを実習します。

キーワード
- □□プレゼンテーションの目的
- □□聞き手のニーズを予測するために考えるポイント
- □□表紙（タイトルスライド）
- □□プレースホルダー
- □□スライドの追加
- □□スライドレイアウト
- □□画面表示モード

このレッスンのポイント

▶ プレゼンテーションの目的を明確にする
▶ 聞き手のニーズを予測する
▶ 新しいプレゼンテーションを作成する
▶ 表紙を作成する
▶ 新しいスライドを追加する
▶ 文字を入力する

完成例（ファイル名：01_自己紹介完成.pptx）

プレゼンテーションの目的を明確にする

プレゼンテーションは、目的によって大きく3つに分かれます。「プレゼンテーションの目的」が違えば、目指すゴールも違います。何をゴールにするのか、明確に意識することが大切です。

●説得のプレゼンテーション
聞き手を説得するのが目的のプレゼンテーションでは、ゴールは「聞き手に意思決定してもらうこと」です。たとえば、新しい企画を提案したり、自社の商品やサービスをお客様に提案するプレゼンテーションがこれにあたります。企画や提案の内容を採用するという意思決定を得るために行います。

●情報伝達のプレゼンテーション
聞き手に情報伝達するのが目的のプレゼンテーションでは、ゴールは「聞き手に理解してもらうこと」です。研究発表や活動報告、何かの説明会のプレゼンテーションがこれにあたります。説明内容を理解してもらうために行います。

●楽しませるプレゼンテーション
聞き手を楽しませることが目的のプレゼンテーションでは、ゴールは「聞き手に楽しんで満足してもらうこと」です。ビジネスシーンでは、楽しませることが第一目標のプレゼンテーションは少ないですが、プライベートでは結婚披露宴に招かれて友人代表で話すスピーチなどがあります。純粋に楽しんで満足いただくために行います。

フォームの活用
目的やゴールを文章に表すために次のページのようなフォームを用意しておくと便利です。

目的やゴールを明確にしたら、文章で表してみましょう。必要な項目の例は、「①プレゼンテーションテーマ、②開催日時、③場所、④発表者、⑤対象者、⑥プレゼンテーションの目的、⑦プレゼンテーションのゴールイメージ」です。
これは、自分自身がきちんと理解するために効果があるのはもちろんですが、複数のメンバーでプレゼンテーションの準備をするときに重要です。全員で目的を共有し、共通のゴールに向かって活動しやすくなるという効果があります。

●情報伝達のプレゼンテーション企画シート記入例

目的は「聞き手に理解してもらうこと」なので、理解してほしいポイントを整理して、ゴールイメージの欄に記入します。取ってほしい行動もあれば記入しましょう。

箇条書きによる整理

プレゼンテーションの目的やゴールイメージ欄は、できるだけ箇条書きに整理して簡潔に書きましょう。文章で説明するよりわかりやすいでしょう。

プレゼン企画シート

対象者（聞き手）	中嶋教授、ゼミメンバー15名
開催日時	20××年1月17日
場所	A棟105教室
プレゼンテーマ	私たちにもできるエコロジーへの取り組み調査報告
発表者（話し手）	Bチームリーダー　川崎祐希
プレゼンの目的 □　説得 ■　情報伝達 □　楽しませる □　その他	●何のためにプレゼンテーションするのか？ テーマついて、Bチームが調査したことを中間報告する。 1.　調査内容の理解 　　調査内容を全員に理解してもらう。 2.　アドバイスや意見の収集 　　最終報告に向けて追加で調査したほうがよいことなど、中嶋教授およびゼミメンバーからアドバイスや意見をもらう。
プレゼンの ゴールイメージ	●どうなれば成功したといえるのか？ 【聞き手に理解して欲しいこと】 エコロジーへの取り組みは、特別なことではなく、一人ひとりの小さな努力の積み重ねであるということを実感してもらう。 【プレゼン終了後、聞き手に取ってほしい行動】 Bチームの今後の活動に対してアドバイスをする。

●説得のプレゼンテーション企画シート記入例

目的は「聞き手に意思決定してもらうこと」なので、何を決めてほしいかを整理して、ゴールイメージの欄に記入します。提案の場合、すぐに最終目標が達成できるとは限りません。「少なくともこれだけは」という中間目標を考えておくとよいでしょう。

プレゼン企画シート

対象者（聞き手）	サークルメンバー25名、OB/OG　5名
開催日時	20××年5月10日
場所	A棟207教室
プレゼンテーマ	サークル旅行プランの提案
発表者（話し手）	旅行プラン担当　沢村敬之、鈴木友里
プレゼンの目的 ■　説得 □　情報伝達 □　楽しませる □　その他	●何のためにプレゼンテーションするのか？ 旅行プランを2つ提案し、 1.　2つの旅行プランの内容を理解してもらう。 2.　投票によってどちらを採用するか（あるいは両方不採用）を決定してもらう。
プレゼンの ゴールイメージ	●どうなれば成功したといえるのか？ 【聞き手に理解して欲しいこと】 2つの旅行プランのメリット/デメリット。（費用面・内容面） 【プレゼン終了後、聞き手に取ってほしい行動】 最終目標：旅行プランを決定する。 中間目標：投票で決まらない場合は、不満点をあげてもらう。 　　　　　それをもとに旅行プランを見直して再度プレゼンさせてもらう日を決定する。

中間目標

右の例では中間目標を1つ置いていますが、複数の中間目標を段階を追ってクリアしながら最終目標を目指す場合もあります。

聞き手のニーズを予測する

プレゼンテーション成功のカギは「聞き手の身になって考えること」、「聞き手のニーズ（求めていること）を満たすこと」です。私たちは、伝えたいことがあるからプレゼンテーションをするわけですが、聞き手も何らかの理由で聞く必要があってプレゼンテーションを聞いてくれるはずです。聞き手が求めていないことを一生懸命話しても、受け入れてもらえません。聞き手のニーズは何かを予測して、自分が伝えたいことを聞き手のニーズに合うようにしてお話できれば、興味を持って耳を傾けてくれる可能性があります。

「聞き手のニーズを予測するために考えるポイント」は次のとおりです。

●聞き手はなぜプレゼンテーションを聞きに来てくれるのか？
　▶（参加目的や動機を考える）

●聞き手が興味を持っていること、こだわっていることは何か？
　▶（聞き手の興味や関心事、こだわりを考える）

●聞き手にとって必要な情報は何か？
　▶（何を話したら満足してもらえるかを抜け漏れなく考える）

●聞き手にとって最も重要なポイントは何か？
　▶（何をアピールしたら満足してもらえるかを考える）

つまり、聞き手の求めている内容になっているか？と、聞き手が求めているストーリー（話の順序や説明項目）になっているか？ということです。たとえば、リンゴに興味があってリンゴについて話が聞きたいという動機で参加した人に、みかんの提案をしても受け入れてもらえません。また、リンゴを買うかどうか判断するために、産地、品種、味の特徴、値段が知りたいと思っているのに、説明項目が不足していたら不満に思います。なかでも産地や品種にこだわりを持っている人に対して、勝手に「安いほうが喜ぶだろう」と考えて値段の安さのアピールに時間をかけても効果が少ないでしょう。自分の思い込みではなく、聞き手のニーズを予測してプレゼンテーションを企画することが大切です。

ニーズ予測のための情報収集
聞き手のニーズを予測するには、聞き手を知るための活動が大切です。たとえば、ビジネスにおいて顧客に提案する場合は、顧客の企業情報をホームページで調べたり、提案前に訪問して直接ヒアリングするなどの活動をします。

新しいプレゼンテーションを作成する【操作】

PowerPointを起動して新しいプレゼンテーションを作成し、保存します。

●PowerPointの起動
1. PowerPointを起動します。スタート画面が表示されます。
2. テーマの一覧が表示されるので、[新しいプレゼンテーション]をクリックします。
3. [プレゼンテーション1-PowerPoint]ウィンドウが表示され、空のタイトルスライドが表示されます。

活用

よく使うアプリケーションは、すぐ起動できるようにスタートメニューの右にショートカットを置くと便利です。これをタイルと呼びます。タイルをスタートメニューに置くには、スタートメニューをクリックして表示されるアプリのアイコンの上で右クリックして、[スタートにピン留めする]をクリックします。スタートメニューに置いたタイルをクリックするとアプリケーションが起動します。
また、[その他]をポイントして[タスクバーにピン留めする]をクリックすると、タスクバーにアプリケーションのアイコンが常に表示された状態になるので、そのアイコンをクリックしてアプリケーションを起動することができます。

●名前を付けて保存

1. [ファイル]タブをクリックし、[名前を付けて保存]をクリックします。
2. [このPC]をダブルクリックします。

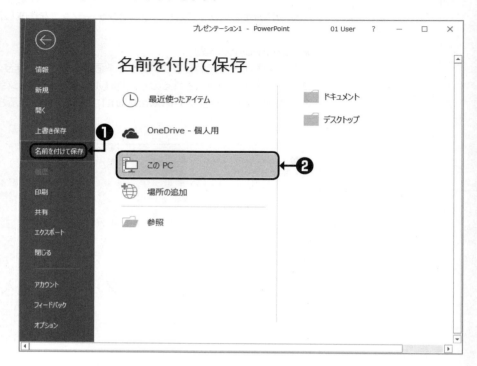

3. [名前を付けて保存]ダイアログボックスが表示されるので、保存するフォルダーを指定します。ここでは[保存用]フォルダーを指定します。
4. [ファイル名]ボックスに「01_自己紹介」と入力して、[保存]をクリックします。

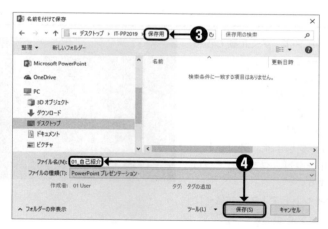

5. ファイルが[保存用]フォルダーに「01_自己紹介」という名前で保存されます。

ファイルの種類

[ファイルの種類]に表示されている[PowerPointプレゼンテーション]は、PowerPoint 2010以降、共通のファイル形式です。

ファイルの保存先

PowerPoint 2016以降、Microsoftが提供するインターネット上の保存スペースであるOneDriveを保存先に指定できます。OneDriveに保存すると、インターネットを介してどこからでもアクセスできます。従来どおり自分のパソコンに保存するには[このPC]を選択します。

クイックアクセスツールバー
タイトルバーの左端にあります。

最近使ったファイルを開く
最近使ったファイルは、[ファイル]タブをクリックし、[開く]をクリックすると[最近使ったアイテム]に表示されます。そこから選択して開くことができます。

●**上書き保存**
一度保存したファイルに編集を加えたあと、上書き保存して更新する場合は、クイックアクセスツールバーの[上書き保存]ボタンをクリックします。操作ミスや停電など予期せぬトラブルでファイルが失われることもあるので、こまめに上書き保存する習慣を身に付けましょう。

●**ファイルを開く**
既存のファイルを開く場合は、[ファイル]タブをクリックし、[開く]をクリックします。保存先として[OneDrive]または[このPC]をダブルクリックして、[ファイルを開く]ダイアログボックスで保存したフォルダーを指定して、一覧から開きたいファイルを選択して[開く]をクリックします。
また、既存のファイルは、ファイルのアイコンをダブルクリックしても開くことができます。

> **活用**
>
> スライドのサイズは、初期設定では[ワイド画面（16:9）]ですが、[標準（4:3）]に変更できます。変更するには、[デザイン]タブの [スライドのサイズ]ボタンをクリックして[標準（4:3）]をクリックします。実際のビジネスシーンでは、新旧さまざまなパソコンやプロジェクターを使用するので、必要に応じてスライドのサイズを使い分けましょう。
>
>

表紙を作成する【操作】

「表紙(タイトルスライド)」には、あらかじめプレゼンテーションのタイトルとサブタイトルを入力する領域(プレースホルダー)が用意されています。「プレースホルダー」をクリックして、文字などを入力します。タイトルとサブタイトル以外の場所に入力したい文字があれば、テキストボックスを挿入して書き加えます。たとえば、提案書の宛先として「〇〇株式会社御中」と書いたり、その資料に関する補足情報として「××会議配布資料(禁複写)」と書いたりする場合です。

プレースホルダー
スライド上の点線で囲まれた枠のことで、文字だけを入力できるテキスト用のプレースホルダーと、図やグラフなどを入力できるコンテツ用のプレースホルダーがあります。

プレゼンテーションのタイトル
あまり長すぎるタイトルはわかりにくいので簡潔にまとめましょう。[サブタイトルを入力]と表示されているプレースホルダーには、サブタイトルを入力する他、その資料を提出する側(個人名または、企業名や所属名など)の情報を入力するために使われます。

●表紙の作成

1. [タイトルを入力]と表示されているプレースホルダーをクリックしてタイトルを入力します。ここでは「私の自己紹介」と入力します。
2. 同様の操作でサブタイトルを入力します。ここでは自分の氏名を入力します。ここでは「佐藤 優」と入力しています。なお、姓名の間にはスペースキーで全角スペースを入力しています。

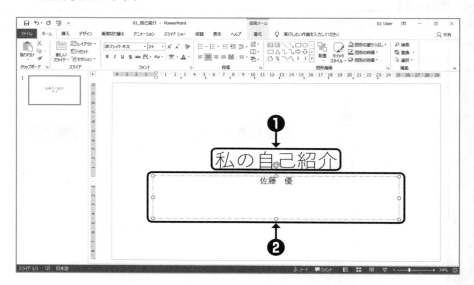

3. [挿入]タブの [テキストボックス]ボタンをクリックします。

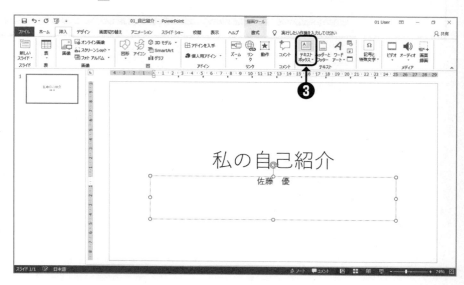

4. 任意の位置でクリックして文字を入力します。ここでは「発表会用資料」と入力します。

テキストボックスの位置調整
入力した文字の位置のバランスが悪い場合は、テキストボックスの外枠にマウスポインターを合わせて になったらドラッグして移動します。

フォントサイズの調整
入力した文字のフォントサイズのバランスが悪い場合は、テキストボックスをクリックして選択して[ホーム]タブの[フォントサイズ]ボックスで変更します。

新しいスライドを追加する【操作】

2ページ目以降は、必要に応じて「スライドを追加」します。スライドはさまざまなレイアウトが用意されています。そのスライドに書く要素(スライドタイトル、箇条書きの文章、チャート、表、グラフ、写真など)に合わせて「スライドレイアウト」を選択します。
また、レイアウトはスライド作成後でも変更することができます。
ここでは新しいスライドの挿入やスライドレイアウトの変更方法を実習します。

●新しいスライドの挿入(タイトルとコンテンツ)
1. [ホーム]タブの [新しいスライド]ボタンをクリックします。
2. [タイトルとコンテンツ]スライドが挿入されます。

89

●新しいスライドの挿入（タイトルとコンテンツ以外のレイアウト）
1. [ホーム]タブの [新しいスライド]ボタンの▼をクリックします。
2. スライドレイアウトの一覧が表示されるので、任意のレイアウトをクリックします。
   ここでは[2つのコンテンツ]をクリックします。
3. [2つのコンテンツ]のスライドが挿入されます。

スライドレイアウトの種類

スライドレイアウトの種類は、タイトルスライド、タイトルとコンテンツ、セクション見出し、2つのコンテンツ、比較、タイトルのみ、白紙、タイトル付きのコンテンツ、タイトル付きの図、タイトルと縦書きテキスト、縦書きタイトルと縦書きテキストの11種類が用意されています。

●スライドレイアウトの変更
1. 3枚目のスライドを表示して、[ホーム]タブの [レイアウト]ボタンをクリックします。
2. スライドレイアウトの一覧が表示されるので、任意のレイアウトをクリックします。
   ここでは[タイトルのみ]をクリックします。
3. クイックアクセスツールバーの [上書き保存]ボタンをクリックします。
4. ✕閉じるボタンをクリックします。

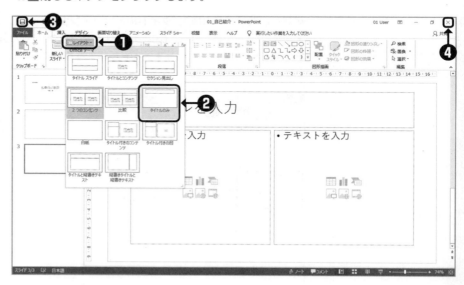

文字を入力する【操作】

スライドには、任意の場所にスライドタイトルや箇条書きなどの文字を入力したり、スライド番号を入れたりできます。
ここでは、スライドタイトルや箇条書きの入力、スライド番号の表示、さまざまな作業がしやすいように表示を切り替える方法などを実習します。

●スライドタイトルの入力
1. ファイル「博多紹介」を開きます。
2. 2枚目のスライドを表示します。
3. [タイトルを入力]と表示されているプレースホルダーをクリックして、スライドタイトルを入力します。ここでは「地下鉄空港線とは」と入力します。

プレースホルダーの自動調整
スライドタイトルを入力するプレースホルダーは、標準では文字がはみ出した場合に自動調整する設定になっています。したがって、タイトルが長ければ文字の大きさが自動的に変更され、収まるように調整されます。

ルーラーの表示
スライドのすぐ上と左側に表示されている物差しのような部分をルーラーと呼びます。タブ位置を調整するときや、スライド内の図形などコンテンツの位置のバランスを確認するときに便利です。[表示]タブの[ルーラー]チェックボックスをオンにすると表示できます。本書では、ルーラーを表示して実習しています。

自動改行
1行を超える文字列を入力すると、自動的に改行されます。

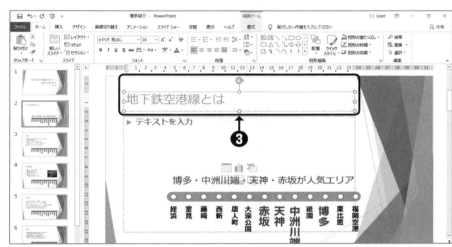

●箇条書きの入力
1. [テキストを入力]と表示されているプレースホルダーをクリックして、箇条書きを入力します。ここでは「主要な観光地を効率よく通って便利です。」と入力して**Enter**キーを押します。
2. 改行されて行頭文字が表示されるので、続けて次のとおり入力します。
「福岡空港から博多まで5分」**Enter**キー
「博多から唐人町まで11分」

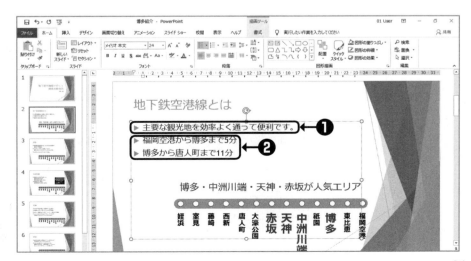

91

段落のレベル段階
段落のレベルは5段階まで用意されています。段落内をクリックして[インデントを増やす]ボタンをクリックするたびに1段階ずつ右へずれます。

段落のレベルを左へ戻す
段落のレベルを左へ戻すには、段落内をクリックして[インデントを減らす]ボタンをクリックします。

●箇条書きのレベル変更

1.[福岡空港から博多まで5分]の段落内をクリックし、[ホーム]タブの[インデントを増やす]ボタンをクリックします。
　図のように段落のレベルが1段階右へずれます。

2.同様の操作で、[博多から唐人町まで11分]のレベルも1段階変更します。

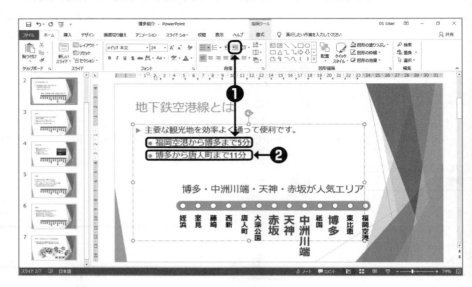

●箇条書きの途中への行の追加

1.[福岡空港から博多まで5分]の右側をクリックして、**Enter**キーを押します。

2.新しい行が途中に追加されるので文字を入力します。
　ここでは「博多から天神まで5分」と入力します。

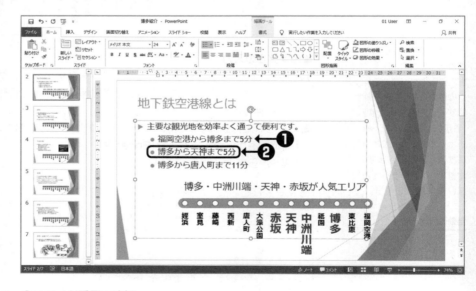

●スライド番号の追加

1.[挿入]タブの[ヘッダーとフッター]ボタンをクリックします。

[ヘッダーとフッター]ダイアログボックスで可能な設定内容 スライド番号の設定や、日付と時刻の表示やヘッダーとフッターの表示が設定できます。 **スライドマスター機能** スライド番号、日付と時刻、ヘッダーとフッターなどの要素のレイアウトデザインは、スライドマスター機能で管理されています。詳しくはLesson 7を参照してください。	**2.** [ヘッダーとフッター]ダイアログボックスが表示されるので、[スライド番号]と[タイトルスライドに表示しない]のチェックボックスをオンにします。 **3.** [すべてに適用]をクリックします。 　1枚目のタイトルスライドにはページ番号が表示されず、2枚目に[2]と表示されます。 **4.** 2枚目のスライドから番号を振るので、2枚目を[1]にします。[デザイン]タブの[スライドのサイズ]ボタンをクリックして[ユーザー設定のスライドのサイズ]をクリックします。 **5.** [スライドのサイズ]ダイアログボックスが表示されるので、[スライド開始番号]ボックスを「0」にします。 **6.** [OK]をクリックします。

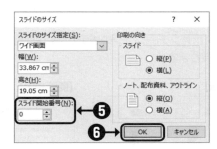

7. 2枚目のスライド番号が[1]になったのを確認します。

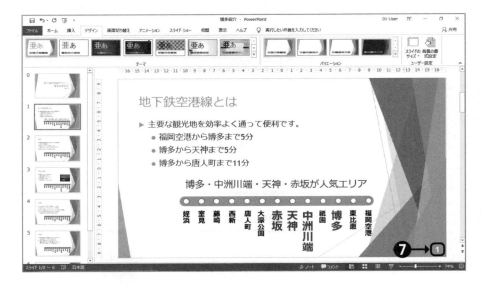

●画面表示モードの種類

PowerPointの「画面表示モード」は6種類あります。使い分けのポイントは次のとおりです。

■**標準表示**	スライドの中身を作成する。
■**アウトライン表示**	ストーリー構成を編集したり、スライドの中身を作成する。
■**スライド一覧表示**	全体の流れを確認したり、順序を変更する。
■**閲覧表示**	全画面で閲覧する。
■**ノート表示**	ノートを入力、編集する。
■**スライドショー**	プレゼンテーションをする。

●画面表示モードの切り替え
1. 画面右下に表示されている⊞[スライド一覧]ボタンをクリックします。
   スライド一覧表示モードに切り替わります。
2. 画面右下に表示されている[閲覧表示]ボタンをクリックします。
   閲覧表示モードに切り替わります。
3. **Esc**キーを押して、[表示]タブの[プレゼンテーションの表示]の[アウトライン表示]ボタンをクリックします。アウトライン表示に切り替わります。
4. [表示]タブの[プレゼンテーションの表示]の[ノート]ボタンをクリックします。
   ノート表示モードに切り替わります。
5. 画面右下に表示されている[スライドショー]ボタンをクリックします。
   現在のスライドからスライドショーが実行されます。確認したら**Esc**キーを押して終了します。
6. [表示]タブの[プレゼンテーションの表示]の[標準]ボタンをクリックします。標準表示モードに戻ります。

【スライド一覧表示】

【閲覧表示】

【アウトライン表示】

【ノート表示】

【スライドショー】

【標準表示】

7. 「博多紹介」という名前で、[保存用]フォルダーに保存します。

活用

標準表示のときに、画面右下の [標準]ボタンをクリックすると、画面左側がサムネイル表示からアウトライン表示に切り替わります。再度[標準]ボタンを押すと、サムネイル表示に戻ります。

活用

標準表示のときに、画面右下の [コメント]ボタンをクリックすると、画面右側にコメントを編集するエリアが表示され、簡単に操作できます。複数の人で協力して1つのPowerPointプレゼンテーションを編集する場合に便利です。

練習問題

あなたがこれまで経験した説得のプレゼンテーション、情報伝達のプレゼンテーション、楽しませるプレゼンテーションがあれば、どういうプレゼンテーションだったか書き出してみましょう。

これから先、あなたが行う可能性がある説得のプレゼンテーション、情報伝達のプレゼンテーション、楽しませるプレゼンテーションがあれば、どういうプレゼンテーションか予測して書き出してみましょう。

好きなテーマでプレゼンテーションを企画しましょう。企画した内容を「プレゼン企画シート」に記入しましょう。
【テーマ例】
・サークルメンバー募集（参加してもらうための説得のプレゼンテーション）
・自己紹介（聞き手に自分を知ってもらうための情報伝達のプレゼンテーション）

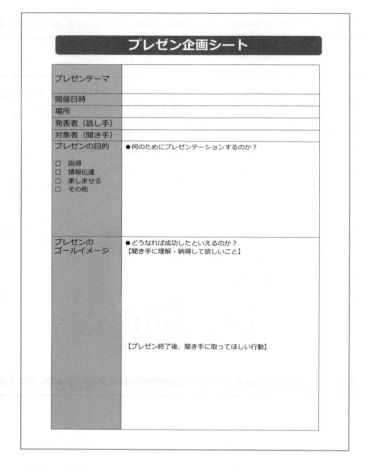

企画した内容に沿って、PowerPointでプレゼンテーションを作成しましょう。

1 表紙（タイトルスライド）に、タイトルとサブタイトルを入力しましょう。
2 新しいスライドを1枚追加しましょう。
3 追加したスライドを[タイトルのみ]のレイアウトに変更しましょう。
4 [保存用]フォルダーに「練習_あなたの氏名」と名前を付けて保存しましょう。
  例：山田さんの場合は「練習_山田」というファイル名になります。

Lesson 6 わかりやすいストーリー構成

プレゼンテーションの目的とゴールが明確になったら、目的を達成してゴールに到達するために、何をどう伝えたらよいのか考えます。予測した聞き手のニーズを念頭に置きながら、聞き手がよく理解して納得するために、あるいは、次の行動を起こすために、わかりやすいストーリー構成を企画します。

このレッスンでは、伝えたいメッセージを整理してストーリー構成を考えるときのポイントを学びます。PowerPointの操作は、ストーリー構成を考えながらPowerPointプレゼンテーションを作成するときに便利な機能として、アウトラインによるスライド作成や編集方法を実習します。

キーワード
- メッセージの整理
- ストーリー構成
- 序論
- 本論
- 結論
- ツリー図
- アウトライン
- [アウトライン]ペイン

このレッスンのポイント

▶ 伝えたいメッセージを整理する
▶ ストーリー構成を考える
▶ アウトライン機能でスライドを作成する
▶ アウトライン機能で構成を編集する

完成例（ファイル名：02_自己紹介完成.pptx）

伝えたいメッセージを整理する

ストーリー構成を考えるとき、まず、「伝えたいメッセージを思いつくままに書き出してみて、それを整理する」ことから始めます。「メッセージの整理」というのは、書き出したメッセージを分類したりメッセージ同士の関係を考えながら、目的やゴールのために伝える必要があるメッセージは何か、選ぶことです。

伝えるメッセージは、多ければよいというものではありません。むしろ、本当に必要なメッセージだけに絞ってしっかり伝えたほうが、聞き手に強い印象を残すことができます。あれこれ盛り込み過ぎると、焦点がぼけてメッセージも弱くなります。

自己紹介のプレゼンテーションを例に考えてみましょう。

佐藤さんは、同じクラスのメンバーに自己紹介するプレゼンテーションを考えています。目的は「クラスのメンバーとのコミュニケーションをよくすること」、ゴールは「自分を知ってもらうこと」、「興味を持ってもらい、メンバーとの会話が増えること」です。何を話したら興味を持ってもらえるか、考えてみました。

メッセージの整理方法

伝えたいメッセージを思いつくままに書き出して整理するとき、WordやPowerPointを使って入力しながら書き出してもよいですが、付箋紙を使うアナログな方法もあります。1枚に1つのメッセージ（キーワード）を書き、あとからその付箋紙を見ながらグループ分けしたり、順番を考えたりします。付箋紙なら何度も貼り替えて、メッセージの構造をシミュレーションできます。

佐藤さんが思いついたことを分類すると、①趣味（旅行）、②出身地、③クラブ活動の3つになります。

趣味	出身地	クラブ活動
旅行 世界遺産を見て回りたい （2か所行った） ハワイ最高！ 京都が好き	福岡県 博多山笠が楽しみ 博多の安くておいしいものなら任せて！	中学はテニス部 高校は部活をしていない 今はゴルフサークル 初ラウンド178 ベストスコア117 週に3回練習

分類したものをみて、何を伝えたらよいか再検討します。プレゼンテーションの制限時間が決まっていれば、時間内に話せるメッセージ量も考えて選びます。

たとえば、趣味の旅行については、いろんなところに行ったというメッセージを伝えたいならハワイや京都の話も織り交ぜてもよいですが、今は世界遺産に興味を持っていることをアピールしたい場合、そこに絞ったほうがよいでしょう。クラブ活動の話も、中学や高校の話に特徴的なことがないなら、今のゴルフサークルの話に絞ります。

そこで、佐藤さんは次のメッセージを伝えることに決めました。

趣味	出身地	クラブ活動
旅行 ・世界遺産を見て回りたい ・私が行った世界遺産	福岡県 ・博多山笠（お祭り）紹介 ・博多のB級グルメ紹介	ゴルフサークル ・腕前（スコア） ・上達目指して練習中

こうして伝えることを絞ると、わかりやすいストーリー構成が作りやすくなります。

ストーリー構成を考える

伝えるメッセージの概要が決まったら、「ストーリー構成」を考えます。整理したメッセージを、どういう内容で、どういう順番で話すかということです。
プレゼンテーション全体構成は、「序論→本論→結論」が基本です。

序論 これから何を 伝えようとしているのか ポイントを簡単に話す	本論 伝えたいことを ストーリーに沿って 詳しく話す	結論 何を伝えたかったのか ポイントをもう一度 まとめて話す
簡単に	詳細に	簡単に

●序論のまとめ

「序論」では、これから何を伝えようとしているのか、ポイントを簡単に話します。結論を先に述べると考えてもよいでしょう。本論で詳しく話す前にポイントを伝えておくことで、聞き手に話を聞く準備をしてもらうのです。どこに重点を置いて聞いたらよいかわかれば、聞き手の理解度がアップします。序論のコツは「簡潔にまとめる」ことです。詳しく話したのでは本論と同じになります。
イメージ的には、PowerPointのスライド1枚で、ポイントを箇条書きにする程度でよいでしょう。

●本論の流れの決定

「本論」では、伝えたいことをストーリーに沿って詳しく話します。どういうストーリーで話したらわかりやすいか、論理的で聞き手の興味を引く構成を考えます。
論理的なストーリー構成を作るには、「ツリー図」が便利です。ツリー図とは、木の枝が分かれるように上から下、または左から右へと細かく分解して書く図です。その際に「どういう切り口で分解するのか」を意識すると、抜け漏れない構成が作成できます。
切り口の例は無数にありますが、次にいくつか紹介します。

■ヒト・モノ・カネ・情報
■衣・食・住
■時系列（現在・過去・未来など）
■物事の構成要素（例：観光→観る・食べる・買うなど）

ブレイクダウン

ツリー図で分解していくことを「ブレイクダウンする」といいます。ブレイクダウンするときの切り口に妥当性があって、抜け漏れなく、バランスよくブレイクダウンされていると、論理的で納得性の高い構成になります。

聞き手の興味を引き、よく理解してもらうには、実例やメッセージの裏付けとなる根拠や背景などを具体的に示すことが重要です。

佐藤さんの例では、メッセージをツリー図で整理すると次のような構造になっています。点線のところを、追加するとさらにわかりやすいでしょう。

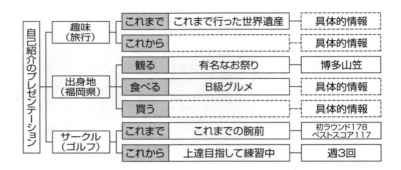

メッセージの順番

メッセージをどういう順番で伝えるかは、何をアピールしたいかによります。右の例でも、3つのポイントの中で特に強く伝えたい項目があるなら、それを先に説明してもよいでしょう。

話す順番にルールはありませんが、基本情報からプラスアルファの情報へと流れたほうが自然なので、①出身地、②サークル、③趣味の順番に変更します。

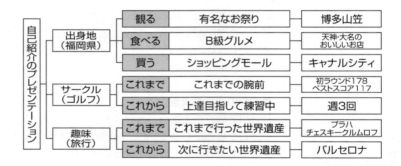

●結論のまとめ

「結論」では、何を伝えたかったのかもう一度ポイントをまとめて話します。序論、本論と話してきたことを、さらに聞き手の心にしっかり印象づけるために念押しします。結論も序論と同様に「簡潔にまとめる」のがコツです。まとめのスライドを1枚追加する程度で十分です。

佐藤さんは、結論のスライドでは①出身地が福岡県であること、②サークルがゴルフであること、③趣味が旅行であることに加えて、クラスのメンバーとのコミュニケーションのきっかけとなる次のような問いかけを話すことにしました。

■博多に旅行するときは、おいしいお店を紹介するので聞いてください。
■ゴルフが上手な人、好きな人は、私たちのサークルに入りませんか？
■バルセロナに行った人、お話聞かせてください。

いかがでしょうか？こうして、序論・本論・結論をまとめると、佐藤さんの自己紹介のプレゼンテーションは次のような構成になります。

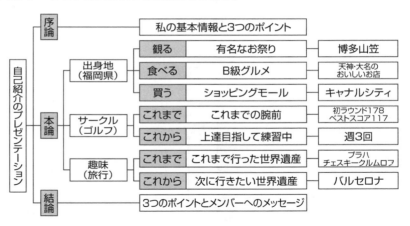

上記の例では、出身地の説明をする場合に「①観る②食べる③買う」と3つのポイントに分解しています。これは、聞き手が観光することをイメージして楽しんで聞けるように、一般的に観光の楽しみとなる構成要素を予測したものです。実際には、他にも構成要素はあるので別の情報を追加してもよいでしょう。

一方、プレゼンテーションの制限時間が短い場合は、これだけたくさんの情報を伝えると散漫になるおそれもあります。そのときは、抜け漏れなく情報を伝えることよりも、印象深いメッセージをしっかり伝えることを優先して、どれか1つに絞る方法もあります。

アウトライン機能でスライドを作成する【操作】

「アウトライン」とは、プレゼンテーション全体の構成を見たり、編集したりできる機能です。ストーリー構成を考えながら、スライドを作成するのに便利な機能です。
「[アウトライン]ペイン」を表示して、新しいスライドを追加します。

●アウトラインの表示
1. ファイル「02_自己紹介」を開きます。
2. 標準表示のときに画面右下の[標準]ボタンをクリックします。[アウトライン]ペインが表示されます。

[アウトライン]ペインの幅

[アウトライン]ペインの幅は、右側の境界線をドラッグすると広げることができます。スライドタイトルや箇条書きテキストが長い場合は、広げると見やすくなります。

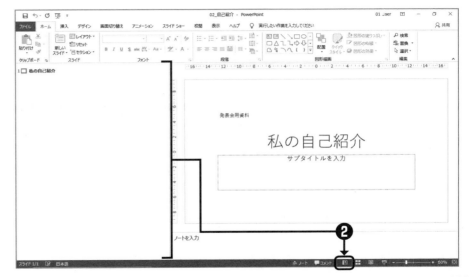

> **活用**

[アウトライン]ペインは次のような構成になっています。この中でスライドの追加、削除、コピー、移動、レベル変更など、さまざまな編集操作ができます。

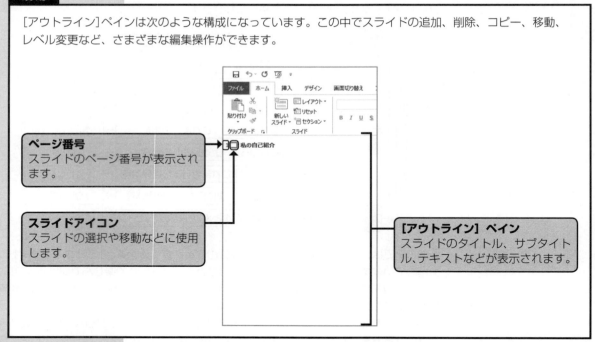

ページ番号
スライドのページ番号が表示されます。

スライドアイコン
スライドの選択や移動などに使用します。

[アウトライン] ペイン
スライドのタイトル、サブタイトル、テキストなどが表示されます。

●スライドの追加

1. [アウトライン]ペインの[私の自己紹介]の末尾をクリックして、**Enter**キーを押します。スライドが追加されます。

> **追加したスライドのレイアウト**
> [アウトライン]ペインを使って右記の方法で追加したスライドのレイアウトは[タイトルとコンテンツ]になります。

2. そのまま続けて、「出身地「博多」」と入力して**Enter**キーを押します。2枚目のスライドタイトルとして入力され、3枚目のスライドが追加されます。

3. 同様の操作で、「博多で観る」、「博多で食べる」、「博多で買う」、「サークル「ゴルフ」」、「これまでの腕前」、「初ラウンド」、「ベストスコア」、「上達を目指して」、「趣味「世界遺産旅行」」、「これまで行った世界遺産」、「これから行きたい世界遺産」とスライドを追加し、全13枚のプレゼンテーションにします。

[アウトライン]ペインの文字の拡大/縮小

[アウトライン]ペインの文字が小さくて見にくい場合は、[アウトライン]ペインのいずれかを選択した状態で[表示]タブの[ズーム]ボタンをクリックして、[ズーム]ダイアログボックスで倍率を変更します。初期設定は33%です。

アウトライン機能で構成を編集する【操作】

ストーリー構成を考える過程で、あとからスライドの追加や削除をしたり、順序を入れ替えたり、1枚にまとめたり、さまざまな編集が必要になるでしょう。[アウトライン]ペインを使うと、全体の構成を見ながら編集できるので便利です。

●スライドの途中追加

1. [アウトライン]ペインの[私の自己紹介]の末尾をクリックして**Enter**キーを押します。2枚目に新しいスライドが追加されます。
2. 「はじめに」と入力して**Enter**キーを押して、「終わりに」と入力します。スライドが2枚追加されます。

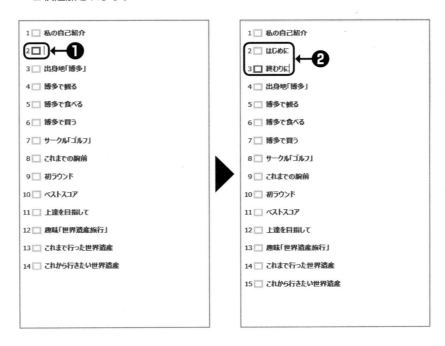

103

●スライドの移動
1. ［終わりに］のスライドアイコンにマウスポインターを合わせて、［これから行きたい世界遺産］の下までドラッグします。
2. ［終わりに］が最終ページになります。

スライド移動中のガイド線
スライドをドラッグして移動するとき、ガイドとなる線が表示されます。移動したい位置に線が表示されているのを確認してマウスボタンを離します。

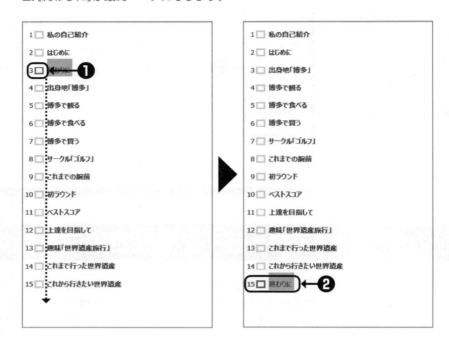

●スライドの削除
1. ［初ラウンド］のスライドアイコンをクリックして、**Delete**キーを押します。
2. 同様の操作で［ベストスコア］も削除します。

●スライドのレベル変更

1. [博多で観る]のスライドアイコンをクリックして、[博多で買う]のスライドアイコンを**Shift**キーを押しながらクリックします。4～6枚目のスライドが複数選択されます。

2. [ホーム]タブの[インデントを増やす]ボタンをクリックします。

3. スライドのレベルが変更され、[博多で観る]、[博多で食べる]、[博多で買う]の3枚のスライドがなくなり、[出身地「博多」]の箇条書きとして1枚のスライドにまとめられます。

> **連続していない複数のスライドの選択**
> **Ctrl**キーを押しながら目的のスライドアイコンをクリックします。

4. 同様の操作で、[これまでの腕前]、[上達を目指して]の2枚と、[これまで行った世界遺産]、[これから行きたい世界遺産]の2枚のスライドもレベルを1段階変更します。

> **箇条書きをスライドにする方法**
> [ホーム]タブの[インデントを減らす]ボタンを使うと、右記の操作と逆に箇条書きをスライドにできます。箇条書きを選択するには、箇条書きの行頭文字のすぐ左側をクリックします。

5. 「02_自己紹介」という名前で、[保存用]フォルダーに保存します。

105

練習問題

 Lesson5で企画したプレゼンテーションの目的やゴールのために、伝えたいメッセージを思いつくままに書き出しましょう。

 書き出したメッセージを分類しましょう。

 分類したメッセージを見ながら、伝えるメッセージを再検討して選びましょう。

 伝えるメッセージが決まったら、ストーリー構成を考えましょう。

❶メッセージをツリー図にして整理しましょう。
❷分解する切り口を考えながら、不足している情報があれば追加しましょう。
❸聞き手に納得してもらうために、どこでどういう実例や根拠、背景を話すかを考えて、ツリー図に書き加えましょう。

 Lesson5で作成したファイル「練習_あなたの氏名」に、アウトライン機能を使ってスライドを追加しましょう。

❶[保存用]フォルダーのファイル「練習_あなたの氏名」を開きましょう。
❷標準表示のときに画面右下の[標準]ボタンをクリックして、[アウトライン]ペインを表示しましょう。
❸問題6-4で整理したとおりに、スライドを追加しましょう。
　ストーリー構成を検討しながら、必要に応じてLesson6で学んだアウトラインの編集操作を使って修正しましょう。
❹ファイル「練習_あなたの氏名」を上書き保存しましょう。

Lesson 7 センスアップするレイアウトデザイン

プレゼンテーション資料全体の印象を決めるのがスライドデザインです。統一感があるスライドデザインによってセンスアップしましょう。
このレッスンでは、スライド全体のデザインを決めるときのポイントや、すべてのページに共通して必要な表記（ロゴマーク、著作権表示など）を学びます。また、統一感を実現するために使用するフォントの種類や大きさを決めるポイントを学びます。
PowerPointの操作は、スライドデザインを簡単に統一するための便利な機能として、テーマ（PowerPointに用意されているデザインテンプレート）の設定方法、スライドマスターの編集、編集したテーマの保存方法を実習します。

キーワード
- □□スライド全体のデザイン
- □□テーマ
- □□スライドマスター
- □□フォントのレイアウトデザイン
- □□配色
- □□ユーザー定義のテーマ

このレッスンのポイント

▶ スライド全体のデザインを決める
▶ 全ページに必要な表記を決める
▶ フォントのレイアウトデザインを決める
▶ テーマを設定して全体デザインを決める
▶ スライドマスターでデザインを編集する
▶ テーマを保存する

完成例（ファイル名：04_自己紹介完成.pptx）

スライド全体のデザインを決める

「スライド全体のデザイン」は、大きく分けると表紙（1枚目）のデザインと本文（2ページ目以降）の2種類に分かれます。デザインを決めるときのポイントは次のとおりです。

■表紙と本文は統一感のあるデザインにする。
■表紙のデザインは、本文より派手なデザインでもよい。
■本文のデザインは、内容が読みやすいことを最優先する。

【悪い例】

 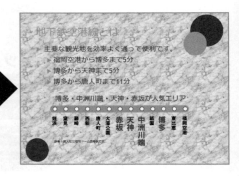

【良い例】

 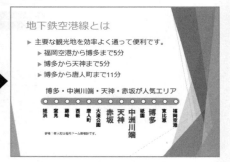

デザイン
デザインを考えるとき、あるいは、PowerPointに用意されているデザインから選択するとき、プレゼンテーションで伝えるメッセージとイメージが合うかどうかをよく考えましょう。

表紙と本文のスライドの色使いがまったく違っていたり、背景が違っていたり、バラバラなデザインではセンスよく見えないので統一しましょう。もちろん、まったく同じデザインにする必要はなく、通常は本文のデザインより表紙のデザインをやや派手にします。

本文のデザインを考えるときに最も重要なことは、内容が読みやすいかどうかです。デザインは、あくまでセンスアップするために設定するものですから、それが内容の読みやすさを妨げるようでは本末転倒です。
PowerPointでは、センスのよいデザインを簡単に設定できるように、サンプルが多数用意されています。このサンプルを「テーマ」といいます。テーマを使えば、前述のポイントを押さえたデザインが簡単に設定できます。

全ページに必要な表記を決める

プレゼンテーション資料の全ページに共通して必要な表記がある場合は、1枚ずつ書くよりもデザインの一部として設定したほうが効率的です。
PowerPointでは、スライドのデザインは「スライドマスター」という画面で管理されており、スライドマスターに必要な表記を書き込めば全ページに反映されます。
たとえば、全ページに共通して必要な表記には次のようなものがあります。

■所属する組織のロゴマーク（大学、企業など）
■所属する組織名（大学名、学部名、ゼミ名、企業名、部門名など）
■Copyright（著作権の所在）
■その他注意事項

所属する組織の一員として作成した資料は、正式な文書であることを示すためにもロゴマークや組織名を全ページに入れます。また、その資料の著作権はだれのものなのか（個人に帰属するのか、組織に帰属するのか）によって、Copyright（コピーライト）も明記するとよいでしょう。著作権とは著作物が創り出されると同時に発生するものであり、Copyright表記されていなくても勝手に流用できませんが、表記があるとさらに権利を明確に主張できます。「勝手に使用できません」という注意を呼び掛ける効果があります。

その他注意事項とは、「禁複写」、「重要」などさまざまなものが考えられます。全ページに書き込みたい情報があるか考えてみましょう。企業においては資料の管理に関する情報を全ページに書くところもあります。作成部門、作成責任者、作成日、情報のレベル（機密、社外秘、公開）、保存年限（いつまで保存するか）などを書くのが一般的です。

Copyrightの表記方法
Copyrightは公表した年と著作権者名を表記します。また、「©2019 XXX」や「(C) 2019 XXX」のように「Copyright」を省略して表記しても構いません。

【作成例】

フォントのレイアウトデザインを決める

色使いやイラストのデザインを統一する他に、「フォントのレイアウトデザイン」も重要な要素です。たとえば、スライドによってページ番号の位置が違っていたり、スライドの本文で使用されているフォントの種類や大きさがバラバラだったら、受け手にとってわかりにくく印象がよくありません。入力する位置や使用するフォントの統一もスライドマスターで設定できるので、ルールを決めましょう。

1つのプレゼンテーション資料で使用するフォントの種類は、多くても3種類程度に絞ります。特に強調したい部分に使うフォントとそれ以外と、2種類を使い分けるのが一般的です。すべて同じフォントで統一してももちろん構いません。その場合はフォントの大きさなどでメリハリをつけます。

●フォントの種類

Windowsには多数のフォントが用意されています。PowerPointに限らず、Word、ExcelなどのMicrosoft Officeではそれらのフォントが使用できます。ソフトウェアのバージョンやインストール状況によって使用できるフォントは異なりますが、日本語に使用できるフォントはゴシック体、明朝体、その他に大別できます。

【ゴシック体の例】

MSゴシック	PowerPointは便利なソフトウェアです
MSPゴシック	PowerPointは便利なソフトウェアです
HGP創英角ゴシックUB	**PowerPointは便利なソフトウェアです**
HG丸ゴシックM-PRO	PowerPointは便利なソフトウェアです
HGPゴシックE	**PowerPointは便利なソフトウェアです**
游ゴシック	PowerPointは便利なソフトウエアです

【明朝体の例】

MS明朝	PowerPointは便利なソフトウェアです
MSP明朝	PowerPointは便利なソフトウェアです
HGP明朝B	**PowerPointは便利なソフトウェアです**
HGP明朝E	**PowerPointは便利なソフトウェアです**
游明朝	PowerPointは便利なソフトウエアです

【その他の例】

HGP行書体	*PowerPointは便利なソフトウェアです*
HG正楷書体-PRO	PowerPointは便利なソフトウェアです
HGP創英角ポップ体	**PowerPointは便利なソフトウェアです**
HGP教科書体	PowerPointは便利なソフトウェアです

一般的なフォント

標準でインストールされていて一般的によく使われるフォントは、MSゴシック、MSPゴシック、MS明朝、MSP明朝です。PowerPoint 2016以降では、游ゴシックも標準的に使用されるようになりました。ゴシック体は見出しやプレゼンテーション資料によく使われ、明朝体は文章や報告書などのレポートによく使われます。近年は、文章もゴシック体を使うケースが増えています。

プレゼンテーション資料に最も向いているのはゴシック体です。線の太さが一定で、プロジェクターで投影したときに遠くからでも見やすいからです。
次の例で確認してみましょう。

【悪い例】

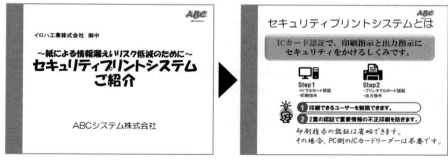

使用しているフォントがバラバラです。表紙のタイトル「セキュリティプリントシステムご紹介」で使用しているHGP創英角ポップ体はややくだけた印象を与えるので、プレゼンテーションの内容や相手によっては使用を控えたほうが無難です。

2枚目のスライドの「ICカード認証で……」のHGP明朝Eは手元の資料として読んでもらうフォントとしてはよいのですが、投影して見せるには線が細いので今一歩です。
「印刷指示の認証は省略できます。……」のHGP行書体は、特殊な印象（和風、伝統的）を与えるので、説明内容に合っていないと逆効果です。

【良い例】

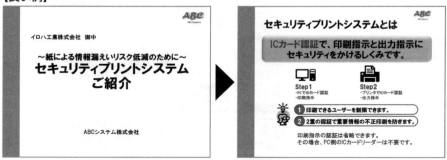

表紙やスライドのタイトルや強調したい部分はHGP創英角ゴシックUBで目立つようにしています。それ以外は、HGPゴシックEですっきりまとめています。

いかがでしょうか？
意味なく変わったフォントを使うと散漫な印象になるので、フォント選びも統一感とメリハリに注意するとよいでしょう。

ポップ体
ポップ体は、セールのちらしや飲み会のお知らせなど、楽しい印象を与えたいくだけた内容の文書に最適な書体です。

テーマを設定して全体デザインを決める【操作】

PowerPointには、スライドのデザインサンプルが多数用意されています。これを「テーマ」といいます。テーマを適用するだけで、背景のデザイン、スライドに書く要素（スライドタイトル、ページ番号、日付、ヘッダー、フッターなど）のレイアウトやフォントの種類、大きさといった全体のデザインを簡単に設定できます。また、適用したテーマのデザインで気に入らない部分があれば、あとから自由に編集できます。

● **PowerPointに用意されているテーマと配色**

PowerPointには下の図のように豊富なテーマが用意されています。さらに、各々のテーマに対して右の図のように多数の「配色」のパターンが適用できます。したがって、テーマと配色のかけ合わせで非常に多くのデザインパターンが用意されていることになります。プレゼンテーションの内容に合ったデザインと配色を考えて選びましょう。

> **テーマについて**
> 本書発行後の機能やサービスの変更、ユーザーのパソコンの環境の違いなどにより、テーマが誌面のとおりに適用できないことがあります。その場合は誌面で指示されているもの以外を利用してください。

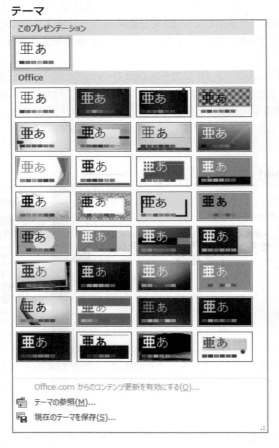

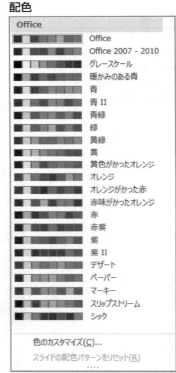

●テーマの適用

1. ファイル「04_自己紹介」を開きます。
2. [デザイン]タブの[テーマ]の [その他]ボタンをクリックします。
3. 複数のテーマが表示されるのを確認し、[ウィスプ]をポイントします。[ウィスプ]が適用されたスライドがプレビュー表示されたのを確認します。
4. [ウィスプ]をクリックします。テーマが適用されます。

マウスでのテーマのポイント
「ポイントする」とはマウスポインターを目的のボタンなどに合わせるという操作方法です。テーマをポイントすると、テーマ名を確認できます。

プレビュー機能
デザインなどを適用する前に、イメージを一時的に表示できる機能です。プレビューをキャンセルしたいときには、ポイントしたマウスポインターを移動するだけで済むため、作業の手間が大幅に削減できます。

●バリエーションの変更

1. [デザイン]タブの[バリエーション]の左から3番目をクリックします。
2. [デザイン]タブの[バリエーション]の [その他]ボタンをクリックして[配色]をポイントします。
3. 表示された配色の[黄]をポイントし、適用されたスライドがプレビュー表示されたのを確認します。
4. [黄]をクリックします。配色が変更されます。

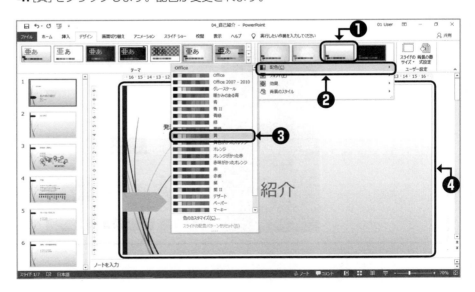

●フォントの変更
1. [デザイン]タブの[バリエーション]の▼[その他]ボタンをクリックして[フォント]をポイントします。
2. 表示されたフォントにある[Franklin Gothic HG創英角ゴシックUB　HGゴシックE]をポイントし、適用されたスライドがプレビュー表示されたのを確認します。
3. [Franklin Gothic HG創英角ゴシックUB　HGゴシックE]をクリックします。フォントが変更されます。

活用

PowerPoint 2013以降は、PowerPointを起動してプレゼンテーションを新規作成するときに、従来のように白紙のスライドが表示されるのではなく、スタート画面が表示されて最初にテーマを選択できるようになりました。これにより、初めから全体のデザインをイメージしながら、視覚に訴える資料を手早く作成できます。テーマの設定は、前述のようにあとから[デザイン]タブの[テーマ]や[バリエーション]を使って変更できます。なお、テーマを設定せずに白紙のスライドを作成したい場合は、スタート画面で[新しいプレゼンテーション]をクリックします。

スライドマスターでデザインを編集する【操作】

テーマを適用するとスライド全体のデザインが設定されますが、スライドマスターであとから自由に編集できます。また、ロゴやCopyright、その他注意事項などすべてのスライドに表記したい要素がある場合も、スライドマスターを編集して書き加えます。

●スライドマスターとは

「スライドマスター」とは、すべてのスライドの要素を一括して管理しているスライドです。具体的には、プレースホルダーのサイズ、位置、書式や、プレースホルダー内の文字列のスタイル、プレースホルダー内の箇条書きと段落番号のスタイル、背景や配色、効果などの情報です。

マスターの種類
スライドマスターの他、配布資料のレイアウトデザインを管理する「配布資料マスター」、ノートのレイアウトデザインを管理する「ノートマスター」があります。

活用

スライドマスターを表示すると、その下の階層として各レイアウトのデザインを管理するスライドレイアウトが表示されます。各レイアウトは、表紙のデザインを管理する「タイトルスライド」から始まり、「タイトルとコンテンツ」、「セクション見出し」、「2つのコンテンツ」、「比較」、「タイトルのみ」、「白紙」、「タイトル付きのコンテンツ」、「タイトル付きの図」、「タイトルとキャプション」、「引用（キャプション付き）」、「名札」、「引用付きの名札」、「真または偽」、「タイトルと縦書きテキスト」、「縦書きタイトルと縦書きテキスト」の順に表示されます。
スライドマスターのデザインを変更すると、各スライドレイアウトのデザインも連動して変更されますが、各スライドレイアウトを個別に変更することも可能です。多くの場合、「タイトルスライド」は表紙らしく別のデザインにします（テーマの設定によってある程度は表紙らしいデザインになっているので、必要があれば編集を加えます）。

●スライドマスターのフォントサイズ変更

1. [表示]タブの [スライドマスター]ボタンをクリックします。

2. [タイトルスライド]のレイアウトが選択された状態でスライドマスターが表示されるので、一番上の[スライドマスター]をクリックします。

3. [マスタータイトルの書式設定]のプレースホルダーを選択し、[ホーム]タブの[フォントサイズ]ボックスの▼をクリックして[40]をクリックします。

4. スライドマスターのフォントサイズが変更され、それに従ってタイトルスライドとセクション見出し以外のすべてのスライドレイアウトのフォントサイズも変更されたのを確認します。

5. [タイトルスライド]レイアウトをクリックして表示して、3.と同様の操作で[マスタータイトルの書式設定]のプレースフォルダーのフォントサイズを[48]にします。同様に、[セクション見出し]レイアウトの[マスタータイトルの書式設定]のプレースフォルダーのフォントサイズも[48]にします。

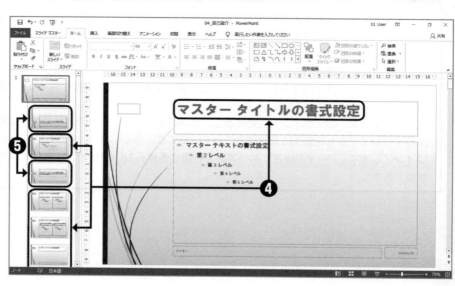

スライドマスターのフォント変更

ここではフォントサイズを変更していますが、フォントの種類も変更できます。[ホーム]タブの[フォント]ボックスの▼をクリックして任意のフォントをクリックします。

その他の要素の書式設定

フォント変更など書式設定を編集できるのは、タイトルやテキスト以外の要素も同様です。たとえば、右の図の日付、フッター、ページ番号(<#>マークが表示されている部分)の書式を変更するには、そのプレースホルダーを選択して編集します。

●スライドマスターへのロゴ挿入
1. 一番上の[スライドマスター]をクリックします。
2. [挿入]タブの [画像]ボタンをクリックして、[図の挿入]ダイアログボックスでファイル「ロゴ」を選択し、[挿入]をクリックします。
3. スライドマスターの中央にロゴが挿入されるので、右上までドラッグして移動します。

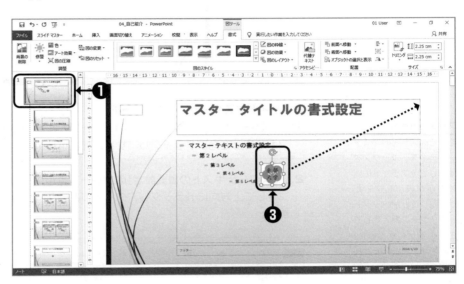

●スライドマスターへの文字入力
1. [挿入]タブの [テキストボックス]ボタンをクリックします。マウスポインターが↓になるので、プレースホルダー以外の任意の位置でクリックして、「情報利活用講座発表会」と入力します。

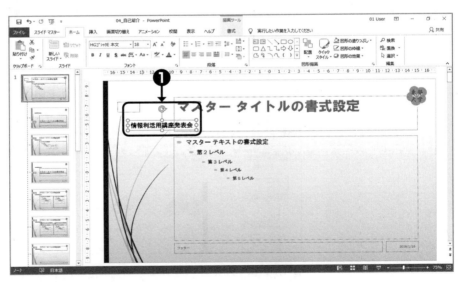

縦書きテキストボックス
文字を縦書きで入力したい場合は、[挿入]タブの [テキストボックス]ボタンの▼をクリックして、[縦書きテキストボックス]をクリックします。

フォントサイズ

右の図のように補足的情報を全ページに表示する場合、あまり大きな文字で入れると目立ちすぎてしまいます。10ポイント以下の小さい文字で入れたほうが品よく見えます。

2. 入力したテキストボックスの外枠をクリックして選択し、[ホーム]タブの 18 [フォントサイズ]ボックスの▼をクリックして[10]をクリックします。
3. テキストボックスの外枠にマウスポインターを合わせて になったらドラッグして右下に移動します。

● スライドマスターのレイアウト修正

1. [マスタータイトルの書式設定]のプレースホルダーの下中央のハンドル(○)をポイントして上方向にドラッグし、サイズを縮小します。タイトルの位置が上へあがります。
2. [マスターテキストの書式設定]のプレースホルダーの上中央のハンドル(○)をポイントして上方向にドラッグし、タイトルとの間隔が適正になるまでサイズを拡大します。

フッターの挿入

ここではスライドマスターにテキストボックスを挿入して全スライドに同じ文字を表示しましたが、同じことがヘッダーとフッターの挿入でもできます。詳しくは、Lesson 5のスライド番号の追加の項と同じ操作なので参照してください。なお、ヘッダーとフッターで設定すると、表示/非表示が簡単に切り換えられて便利ですが、一か所しか設定できません。テキストボックスの場合は何か所でも挿入できます。

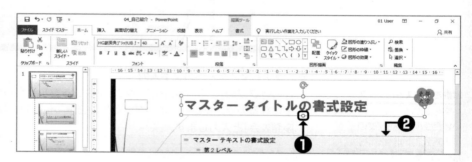

3. 「タイトルとコンテンツ」レイアウトをクリックして表示して、1.～2.と同様の操作で[マスタータイトルの書式設定]のプレースホルダーと[マスターテキストの書式設定]のプレースホルダーのレイアウトを調整します。
4. [スライドマスター]タブの [マスター表示を閉じる]ボタンをクリックします。

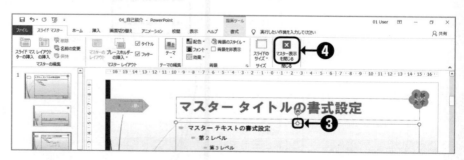

5. 「04_自己紹介」という名前で、[保存用]フォルダーに保存します。

テーマを保存する【操作】

スライドマスターに編集を加えて作成したデザインは、テーマとして保存できます。今後、他の資料にも適用したい場合は保存しておくと便利です。保存したテーマは、[デザイン]タブのテーマの一覧に「ユーザー定義のテーマ」として表示されて何度でも使用できます。

●テーマの保存

1. [デザイン]タブの[テーマ]の [その他]ボタンをクリックして、[現在のテーマを保存]をクリックします。

2. [現在のテーマを保存]ダイアログボックスでテーマを保存するフォルダー（Document Themes）が自動的に開くので、そのままの状態で[ファイル名]ボックスに「発表会用」と入力して[保存]をクリックします。
3. [デザイン]タブの[テーマ]の [その他]ボタンをクリックして、[ユーザー定義]に作成したテーマが追加されたのを確認します。

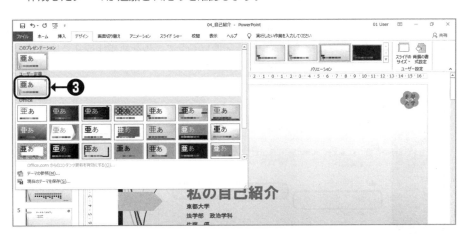

ユーザー定義のテーマの名前
あとから使用するときに見分けやすいように、どういうときに使用するために作成したテーマか、わかりやすい名前を付けておきましょう。

119

活用

スライドマスターで設定したデザインを保存する方法は、ここで実習したテーマの他にテンプレートとして保存する方法があります。テーマとテンプレートの大きな違いは、テーマはデザインのみ保存して、テンプレートはスライドやそこに書かれている文字、図形なども含めて保存する点です。

たとえば、次のようなスライド4枚からなるファイルを、テーマとして保存した「月報用テーマ」と、テンプレートとして保存した「月報用テンプレート」があるとします。

それを新しいプレゼンテーションに適用すると次のようになります。

【月報用テーマを適用した場合】　【月報用テンプレートを適用した場合】

テーマを適用するとデザインだけが設定されています。テンプレートを適用するとスライドが4枚になって「●月度　月報報告書」という文字もすべて入力されています。

したがって、デザインだけを活用したい場合はテーマで保存してもよいですが、月度報告書のように毎回同じ構成で資料を作成する場合は、スライドの構成や内容も含めて保存できるテンプレートが便利です。

テンプレートとして保存するには、[ファイル]タブの[名前を付けて保存]をクリックして、[名前を付けて保存]ダイアログボックスの[ファイルの種類]ボックスで[PowerPointテンプレート]をクリックし、[保存]をクリックします。保存したテンプレートを使ってファイルを新規作成するにはPowerPointを起動して、スタート画面の[他のプレゼンテーションを開く]をクリックします。[開く]画面の[このPC]をクリックし、[Officeのカスタムテンプレート]を開いて、保存したテンプレートのリストから任意のテンプレートをクリックします。

練習問題

これまでの練習問題で企画、作成したファイル「練習_あなたの氏名」のプレゼンテーション資料に対して、次のような編集を行いましょう。

問題 7-1

任意のテーマを適用しましょう。

ヒント： プレゼンテーションの内容に合った印象のデザインを選択しましょう。
テーマをクリックして選択する前に、ポイントしてプレビューを見ながら確認します。

問題 7-2

設定したテーマの配色を任意に変更しましょう。

ヒント： プレゼンテーションの内容に合った印象の配色を選択しましょう。
配色をクリックして選択する前に、ポイントしてプレビューを見ながら確認します。

問題 7-3

スライドマスターを表示して、スライドマスターやタイトルスライドのフォントの種類やフォントサイズを任意に変更しましょう。

ヒント： プロジェクターに投影して発表することをイメージして、フォントの種類は原則としてゴシック体から選択しましょう。その他の特殊なフォントを使う場合は、そのフォントを使用する理由を説明してください。妥当性がある理由がない限り、特殊なフォントは使用しません。

問題 7-4

スライドマスターに、必要な表記を追加しましょう。

❶テキストボックスを挿入して、あなたの著作権表示を記入しましょう。
　　©氏名　All rights reserved.
❷フォントサイズを8～10ポイント程度に変更しましょう。
❸テキストボックスをスライドの下中央に移動しましょう。
❹他にも注意事項などをすべてのスライドに記入したい場合は追加しましょう。
❺スライドマスターを閉じましょう。
❻ファイル「練習_あなたの氏名」を上書き保存しましょう。

ヒント： ©は「ちょさくけん」と入力して変換すると入力できます。
ただし、©は使用するパソコンやソフトウェアによっては表示されなかったり印刷できないことがあるので注意してください。
著作権表示は、小さいフォントで十分です。読めるかどうかより記載されていること自体に意味があります。また、テキストボックスを使わずヘッダーとフッターで設定してもよいです。その場合は、［挿入］タブの［ヘッダーとフッター］ボタンを使って記入しましょう。

Lesson 8　イメージを伝える イラスト・写真活用

訴求力の高いプレゼンテーション資料では、これまで学んできたように、論理的に整理されたストーリー構成で、チャートや表、グラフによるビジュアル表現やカラー化テクニックを上手に活用し、内容がわかりやすいことが重要です。これに加えて、理解や意思決定を早めるために効果があるのが、イメージの伝達です。聞き手が資料を見て興味を持ち、具体的なイメージを思い描くことができれば、理解も意思決定もしやすいでしょう。

このレッスンでは、聞き手の興味を引き付けたり具体的なイメージを伝える手段として、イラストや写真の活用を学びます。PowerPointの操作は、アイコン、イラスト、写真をスライドに挿入して目的に合わせて編集する方法を実習します。

キーワード
- □□イラストの使用ポイント
- □□写真の使用ポイント
- □□アイコン
- □□トリミング

このレッスンのポイント

▷ イラストで変化をつける
▷ 写真で具体的なイメージを伝える
▷ 内容に合ったアイコンを挿入する
▷ アイコンを編集する
▷ 内容に合ったイラストを貼り付ける
▷ イラストを編集する
▷ 内容に合った写真を貼り付ける
▷ 写真を編集する

完成例（ファイル名：08_自己紹介完成.pptx）

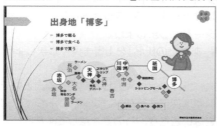

イラストで変化をつける

報告書などのビジネス文書は、文章や数値データだけで資料を構成することが多いですが、プレゼンテーション資料ではイラストを使用する場合があります。

●イラストの効果
イラストを上手に活用すると次のような効果を得られます。

■メッセージ内容の理解を助ける
メッセージ内容を象徴するイラストをメッセージとともに使用します。

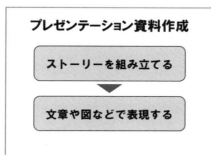 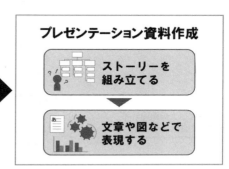

■スライドに変化をつけて柔らかい印象にする
バランスに注意してワンポイントでイラストを使用します。

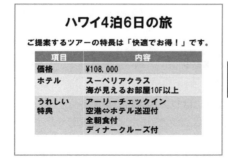 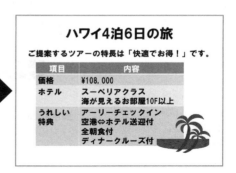

■スライドに変化をつけて親近感をもたらす
人物や動物のイラストにメッセージを語らせます。

チャートとイラストの組み合わせ

文字情報を整理してチャート化するだけでもかなりビジュアル化されますが、イラストと組み合わせるとさらにインパクトが強くなります。

プレゼンテーション全体を通して同じキャラクターを使う

プレゼンテーション資料の各部分で別の人物や動物を使うよりは、同じ人物や動物をイメージキャラクターとして使用したほうが一貫性があります。これは操作マニュアルなどでよく使われる手法です。

●イラストの使用ポイント
「イラストを上手に使用するポイント」は次のとおりです。

■印象が近いもので揃える
漫画的なものやリアルなものなどバラバラではセンスよく見えません。印象が近いもので揃えると統一感が生まれます。

■内容に合ったものを使う
メッセージに合わないイラストはマイナスイメージです。内容に合ったものを検索して選びましょう。

■信頼感を演出するにはリアルなものを使う
リアルなイラストのほうがきちんとした印象を与えます。

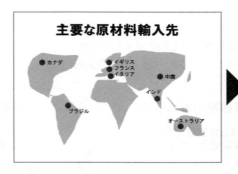 

漫画的なイラストを使用する場合の注意

シリアスな内容のプレゼンテーションには合いません。また、シリアスな内容ではなくても、砕けた感じになるので好まない人もいます。ビジネスプレゼンテーションでは控えたほうが無難です。

オンライン上の画像やイラストの挿入

［挿入］タブの［オンライン画像］ボタンをクリックして表示される［オンライン画像］ウィンドウで、［検索］ボックス（一番上にある枠）にキーワードを入れて検索すると、オンライン上にある画像やイラストを検索してスライドに挿入できます。ただし、それらの画像やイラストは著作権によって保護されており、使用許諾に関する取扱いが個々に異なります。
一定の条件によって使用許諾されているものを探しやすくするには、検索実行後に表示される［Creative Commonsのみ］チェックボックスをオンにします。さらに、画像挿入後に著作権に関する説明が挿入された場合は、その指示に従ってください。

写真で具体的なイメージを伝える

イラストでもある程度イメージは伝えられますが、写真、音声、動画などマルチメディアを活用すると、さらに具体的なイメージを印象付けられます。中でも最も手軽に利用できる写真は、積極的に取り入れましょう。

●写真の効果

写真を上手に活用すると臨場感が演出できます。イラストより写真で実物を見せたほうが、聞き手には具体的なイメージが強く伝わります。

●写真の使用ポイント

「写真を上手に使用するポイント」は次のとおりです。

■内容に合ったものを使う

イラストと同様に、内容にあったものであることは言うまでもありません。

■自分で撮れるものは自分で

写真素材よりも自分で実際に撮ったほうが臨場感があります。

■人物を含むものと含まないものを使い分ける

人物がいない写真は無機質で固いイメージになります。親近感や躍動感を演出したい場合は、人物を含む写真を使います。

自分で撮影した写真の品質

自分で撮影した写真は、思ったより明るすぎた、暗すぎたなど、不具合がある場合もあるでしょう。明るさの調整はスライドに貼ったあとに調整できるので、見栄えを整えるとよいでしょう。

内容に合ったアイコンを挿入する【操作】

PowerPointには、「アイコン」と呼ばれるマークが複数用意されています。伝えたいメッセージを象徴的に伝えるイラストとして便利です。
ここでは、内容に合ったアイコンをスライドに挿入する方法を実習します。

● **PowerPointで用意されているアイコンの種類**

アイコンの種類は、人物、テクノロジーおよびエレクトロニクス、コミュニケーション、ビジネス、分析、商業、教育、芸術、お祝い、顔、標識およびシンボル、矢印、インターフェース、自然およびアウトドア、動物、食品および飲料、天気と季節、場所、車両、建物、スポーツ、安全と正義、医療、工具および建築、自宅、アパレルの26種類です。

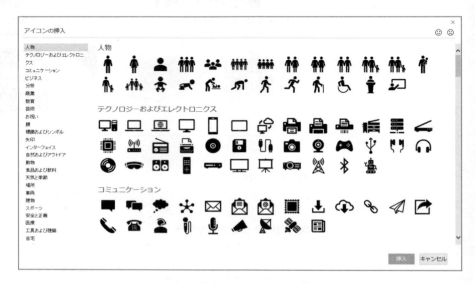

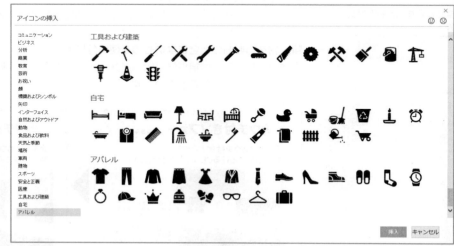

●アイコンの挿入
1. ファイル「08_自己紹介」の7枚目[終わりに]を表示します。
2. [挿入]タブの [アイコン]ボタンをクリックします。

3. [アイコンの挿入]ダイアログボックスで[食品および飲料]にあるナイフとフォークのアイコン、[スポーツ]にあるゴルフのアイコン、[車両]にある飛行機のアイコンをクリックして選択し、[挿入]をクリックします。
4. スライド中央に3つのアイコンが重なった状態で挿入されます。

127

アイコンのコピー
Ctrlキーを押しながらドラッグします。

●アイコンの移動
1. 挿入したアイコンを選択し、マウスポインターを合わせて になったらドラッグして任意の位置まで移動します。ここでは、図を参考に3つのアイコンを移動します。

●アイコンの拡大と縮小
1. 挿入したアイコンを選択します。
2. 四隅のハンドル（○）いずれかにマウスポインターを合わせて になったらドラッグし、任意の大きさにします。ここでは図を参考に、バランスに注意しながら3つのアイコンを拡大します。

拡大、縮小時の注意
四隅のハンドルではなく、各辺の中間にあるハンドルをドラッグして拡張すると、アイコンの縦横比が崩れるので注意してください。

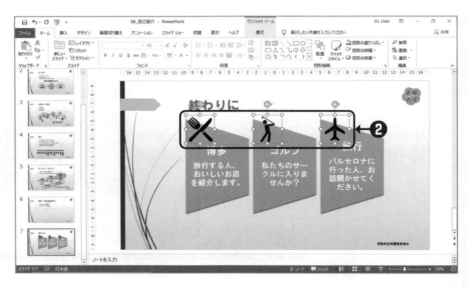

アイコンを編集する【操作】

挿入したアイコンは、塗りつぶしの色、枠線の色や形状などを変更できます。
スライドに合わせて編集する方法を実習します。

●アイコンの塗りつぶしの色の変更

1. 3つのアイコンを複数選択し、[グラフィックツール]の[書式]タブの [グラフィックの塗りつぶし]をクリックして、[テーマの色]の[オレンジ、アクセント2、黒+基本色50%]をクリックします。指定した色に変わります。

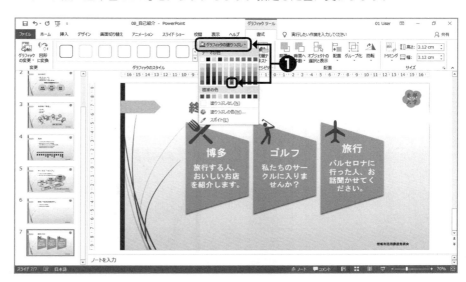

●アイコンの枠線の色の変更

1. 3つのアイコンを複数選択し、[グラフィックツール]の[書式]タブの [グラフィックの枠線] [グラフィックの枠線]をクリックして、[テーマの色]の[白、背景1]をクリックします。指定した色に変わります。

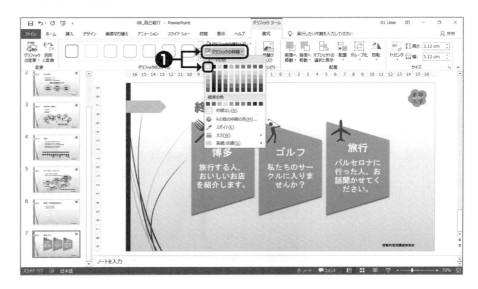

129

内容に合ったイラストを貼り付ける【操作】

PowerPointのスライドには、イラストや写真などのイメージ、動画、サウンドを挿入できます。
ここでは、内容に合ったイラストをスライドに貼り付ける方法を実習します。

●イラストの挿入
1. ファイル「08_自己紹介」の3枚目[出身地「博多」]を表示します。
2. [挿入]タブの [画像]ボタンをクリックします。

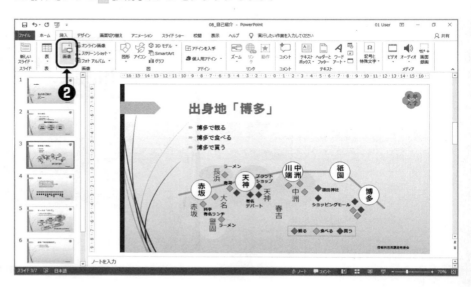

3. [図の挿入]ダイアログボックスでファイル「woman」をクリックして、[挿入]をクリックします。
4. スライド中央にイラストが挿入されます。

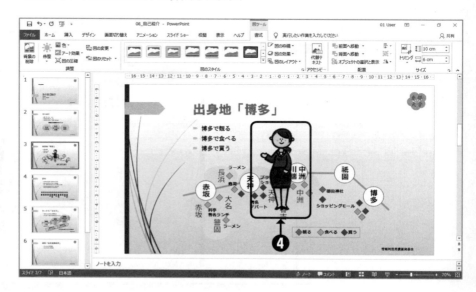

イラストのコピー
Ctrlキーを押しながらドラッグします。

●イラストの移動
1. 挿入したイラストを選択し、外枠にマウスポインターを合わせて になったらドラッグして任意の位置まで移動します。ここでは図を参考にスライドの右側に移動します。

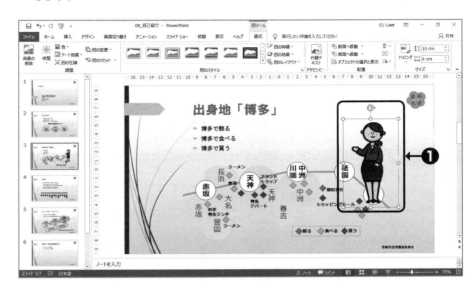

●イラストの拡大と縮小
1. 挿入したイラストを選択します。
2. 四隅のハンドル（○）いずれかにマウスポインターを合わせて になったらドラッグし、任意の大きさにします。ここでは図を参考に拡大します。

拡大、縮小時の注意
四隅のハンドルではなく、各辺の中間にあるハンドルをドラッグして拡張すると、イラストの縦横比が崩れるので注意してください。

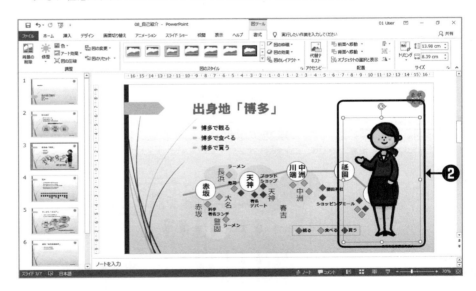

131

イラストを編集する【操作】

挿入したイラストは、「トリミング」(一部を切り取ること)したり、色を変更できます。スライドに合わせて編集する方法を実習します。

●イラストのトリミング

1. イラストを選択し、[図ツール]の[書式]タブの [トリミング]ボタンをクリックします。
2. イラストの周囲が太い破線で囲まれるので下中央のハンドル(━)にマウスポインターを合わせて になったらドラッグします。図を参考に下半分をトリミングします。
3. トリミングが完了したら、イラスト以外の部分をクリックして確定します。

トリミングの操作
四隅および各辺の中間にあるハンドルをドラッグして、上下左右から切り取りできます。トリミングは一時的に見えないようにしているだけで削除したわけではありません。再度トリミングで引き延ばすと、隠れていたイラストが表示されます。また、[トリミング]ボタンの▼をクリックすると、図形の形に合わせたり、縦横比を指定したトリミングなどが簡単に行うことができます。

トリミングした写真の圧縮
トリミングした部分を完全に削除するには、[図ツール]の[書式]タブの [図の圧縮]ボタンをクリックして圧縮します。

濃色と淡色の種類
色の変更では、イラストの元の色に関係なく指定した色合いに変更できます。

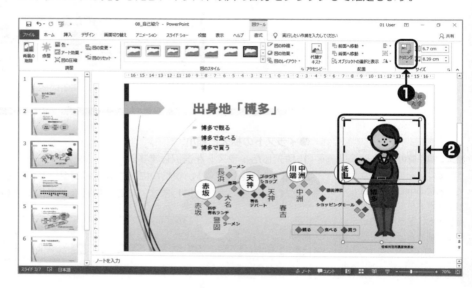

●イラストの色の変更

1. イラストを選択し、[図ツール]の[書式]タブの [色]ボタンをクリックして、[色の変更]の[オレンジ、アクセント2(淡)]をクリックします。指定した色合いに変わります。

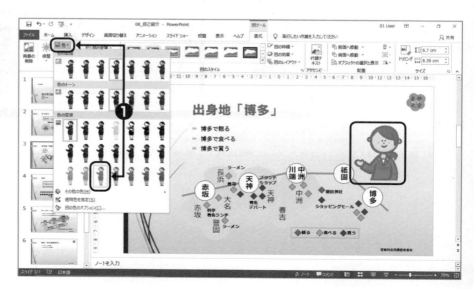

内容に合った写真を貼り付ける【操作】

デジタルカメラなどで撮影した写真ファイル（bmp形式、jpeg形式のファイルなど）は、[画像]ボタンによってPowerPointに貼り付けられます。

●写真ファイルの挿入
1. ファイル「08_自己紹介」の6枚目[趣味「世界遺産旅行」]を表示します。
2. [挿入]タブの [画像]ボタンをクリックし、[図の挿入]ダイアログボックスでファイル「チェスキークルムロフ」をクリックして、[挿入]をクリックします。
3. スライドの中央に写真が挿入されます。

デジタルカメラで撮影した写真
解像度が高いほどファイル容量は大きくなります。スライドに貼り付けたときもスライドからはみ出すこともあるので、縮小して配置します。

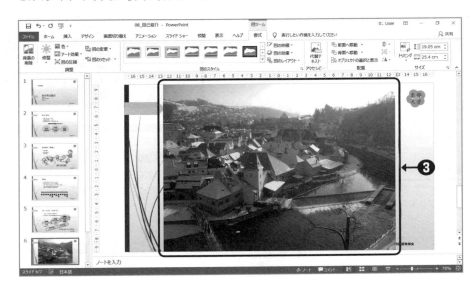

4. 同様の操作で、ファイル「プラハ」も挿入します。

133

●写真の縮小と移動

1. 挿入した写真を選択し、四隅のハンドル（○）いずれかにマウスポインターを合わせて になったらドラッグして縮小します。

2. もう1枚の写真も1.と同様の操作で縮小します。

3. 挿入した写真を選択し、外枠にマウスポインターを合わせて になったらドラッグして任意の位置まで移動します。ここでは図を参考に写真を移動して配置します。

写真のコピー
Ctrlキーを押しながらドラッグします。

写真を編集する【操作】

挿入した写真は、イラストと同様にトリミングしたり、スタイルなどの書式を変更できます。スライドに合わせて編集する方法を実習します。

●写真のトリミング

1. 左の写真を選択し、[図ツール]の[書式]タブの [トリミング]ボタンをクリックします。
2. 写真の周囲が太い破線で囲まれるので下中央のハンドル（━）にマウスポインターを合わせてTになったらドラッグします。図を参考にトリミングします。
3. トリミングが完了したら、写真以外の部分をクリックして確定します。

活用

デジタルカメラで撮影した写真のようにファイル容量が大きい写真を何枚も貼り付けると、プレゼンテーションファイルの容量も大きくなります。容量を軽減するために、図の圧縮機能があります。圧縮したい画像を選択して[図ツール]の[書式]タブの [図の圧縮] [図の圧縮]ボタンをクリックして、[画像の圧縮]ダイアログボックスの[この画像だけに適用する]チェックボックスをオンにして（すべての画像を圧縮したい場合はオンにしない）[OK]をクリックします。

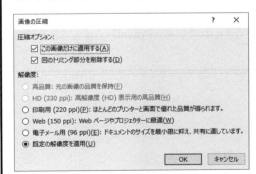

標準の圧縮の設定では、この操作によってトリミングで隠した部分を削除したり、解像度を変更できます。なお、圧縮の設定を変更したい場合、[画像の圧縮]ダイアログボックスの[解像度の選択]で設定します。

写真のスタイル

写真のスタイルには、立体感を出すための影や3－D、周囲のぼかしなどを組み合わせた28通りのパターンが用意されています。

●写真のスタイル変更

1. 2つの写真を選択し、[図ツール]の[書式]タブの[図のスタイル]の[その他]ボタンをクリックして、[四角形、背景の影付き]をクリックします。

2. 「08_自己紹介」という名前で、[保存用]フォルダーに保存します。

活用

写真の書式は、[図ツール]の[書式]タブにあるボタンなどを使って変更することができます。

【[図ツール]の[書式]タブ】

解説した機能以外で、主なものは次のとおりです。

- ・背景の削除　　不要な部分を削除します。削除する範囲は調整できます。
- ・修正　　　　　シャープネス、明るさ/コントラストを調整します。
- ・色　　　　　　写真の色合いを変更します。
- ・アート効果　　アート効果を追加してスケッチや絵画のように見せます。
- ・図のリセット　この写真に行った書式変更をすべてキャンセルして元に戻します。

これらの機能を使うと、画像編集用の専用ソフトウェアを持っていなくても、PowerPoint上である程度の編集ができます。

練習問題

 内容に合ったイラストを貼り付けましょう。

【完成例】

1. ファイル「L08_問題1」を開きましょう。
2. 観る、食べる、買うというキーワードのイメージに合うイラストとして、ファイル「観光」、「レストラン」、「ショッピング」を貼り付けましょう。
3. イラストの位置、大きさを調整しましょう。
4. 3つのイラストのスタイルを［四角形、面取り］にしましょう。
5. 「B-L08-01」という名前で、［保存用］フォルダーに保存しましょう。

 内容に合ったイラストを貼り付けましょう。

【完成例】

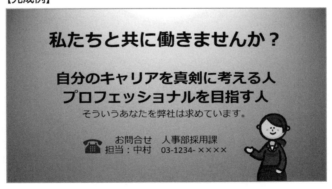

1. ファイル「L08_問題2」を開きましょう。
2. 親切な採用担当者のイメージに合うイラストとして、ファイル「woman」を貼り付けましょう。
3. イラストの位置、大きさを調整し、完成例を参考にトリミングしましょう。
4. 問い合わせ先の電話番号を象徴するアイコンとして、［コミュニケーション］の電話のアイコンを挿入しましょう。
5. 完成例を参考に、アイコンの位置、大きさを調整し、塗りつぶしの色を［青、アクセント1、黒＋基本色50％］にしましょう。
6. 「B-L08-02」という名前で、［保存用］フォルダーに保存しましょう。

 あなたが作成しているファイル「練習_あなたの氏名」のプレゼンテーション資料で、イラストや写真を使って具体的なイメージを伝えたい部分があれば、このレッスンで学んだテクニックを活用して作成しましょう。

Chapter 3

表計算

Lesson **9**　表作成の基本操作 ———————————— 141

Lesson **10** 見やすく使いやすい表にする編集操作 ——— 156

Lesson **11** 数式・関数を活用した集計表の作成 ———— 170

Lesson **12** グラフの基本 ——————————————— 187

Excel 2019の画面

Excel 2019の画面の各部の名称を確認しましょう。

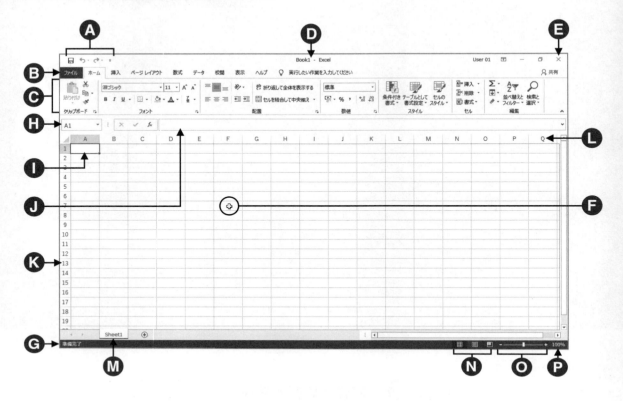

A クイックアクセスツールバー
[上書き保存][元に戻す]ボタンなど、よく利用するボタンが配置されています。

B [ファイル]タブ
クリックすると、[新規][開く][名前を付けて保存][印刷]などの画面が表示され、ファイルに関する操作ができます。

C リボン
操作で使用できるコマンドがグループごとに整理され、タブごとにまとめられています。

D タイトルバー
アプリケーション名やファイル名などが表示されます。

E 閉じるボタン
アプリケーションを終了するときに使用します。複数ファイルを開いている場合は、アクティブなファイルだけを閉じます。

F マウスポインター
ポイントする場所や状況によって形が変わります。

G ステータスバー
選択されたコマンドや実行中の操作に関する説明など、状況に合わせた情報が表示されます。

H 名前ボックス
アクティブセルの位置を示します。

I アクティブセル
現在選択しているセルです。

J 数式バー
アクティブセルに入力されているデータや数式を表示します。

K 行番号
ワークシートの各行の番号です。

L 列番号
ワークシートの各列の番号です。

M シート見出し
ワークシート名が表示されます。クリックしてワークシートを切り替えられます。

N 表示選択ショートカット
画面の表示モードを切り替えられます。

O ズームスライダー
画面の表示倍率を調整します。

P ズーム
現在の表示倍率が表示されています。クリックすると[ズーム]ダイアログボックスが開きます。

140

Lesson 9 表作成の基本操作

Excelは表計算を行うためのアプリケーションです。この計算機能を使用するためには、セルと呼ばれるマス目にデータや数式を入力して、表を作成する必要があります。作成した表は、文字のフォントやフォントサイズ、罫線、セルの背景色などの書式を設定して、表の体裁を整えることもできます。ここでは、表作成の基本となる操作を学習します。

キーワード

- □□ブック
- □□オートフィル
- □□名前を付けて保存
- □□上書き保存
- □□ブックを開く
- □□数式
- □□セル参照
- □□SUM関数
- □□引数
- □□フォント・フォントサイズ・フォントの色
- □□太字・斜体・下線
- □□罫線
- □□セルの背景色
- □□セル内のデータの配置
- □□3桁区切り

このレッスンのポイント

▶ 新規ブックを作成する
▶ 文字や数値を入力する
▶ ブックを保存する
▶ 数式を入力する
▶ 関数で合計を求める
▶ 表の体裁を整える

完成例（ファイル名：コーヒー豆売上.xlsx）

	A	B	C	D	E	F	G	H	I
1	コーヒー豆売上表			日付	4月25日				
2									
3	品番	商品名	価格	数量	金額				
4	C-01	マイルド	580	110	63,800				
5	C-02	モカ	650	80	52,000				
6	C-03	ロイヤル	800	85	68,000				
7	C-04	ブルマン	800	70	56,000				
8	C-05	コナ	900	90	81,000				
9									
10				合計金額	¥320,800				
11									
12									

●表作成のポイント

- 表を作成する前に、行／列の構成や項目名、必要なデータなど、表全体のおおまかな完成イメージを決めておきます。表の構成を考える際、「商品名」や「価格」などの項目名は「列」、1件ずつ追加するデータは「行」に割り当てるとよいでしょう。
- Excelでは、セルに入力したデータを数式で計算することができます。データを入力する項目と数式で求める項目を使い分けましょう。
- データの種類（文字や数値、日付）によって、セルへの入力方法が少し異なります。データの特性を理解して、効率よくデータを入力しましょう。
- 罫線やセルの色などの書式は、文字や数値をひととおり入力したあとに設定しましょう。表全体のイメージを確認しながら、表の体裁を整えることができます。全体のバランスに注意し、過度な装飾は避けましょう。

141

新規ブックを作成する

Excelでは、ファイルのことを「ブック」と呼びます。Excelを起動するとスタート画面が表示されます。[空白のブック]を選択すると新規ブックが開き、マス目で区切られたシートが表示されます。このシートを「ワークシート」と呼び、初期設定では1つのブックに1枚のワークシートが用意されています。また、ワークシートのマス目を「セル」と呼び、Excelではセルに文字や数値、数式などを入力して表を作成します。

●Excelの起動、新規ブックの作成
Excelを起動、新規ブックを作成するには、次のように操作します。

1. Excelを起動します。スタート画面が表示されます。
2. [空白のブック]をクリックすると、新規ブックが表示されます。

●表作成の流れ
Excelで表を作成するときの基本的な流れは、次のようになります。

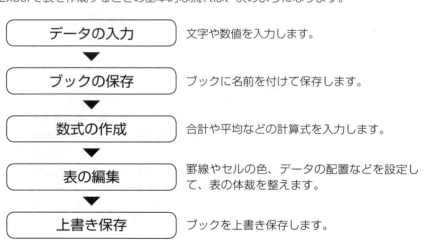

ワークシート
本書では、基本的に「シート」と表記しています。

[ファイル]タブを使った新規ブックの作成
Excelのウィンドウが表示されている状態で、別の新規ブックを作成したい場合は、[ファイル]タブをクリックし、Excelのスタート画面から[新規]の[空白のブック]をクリックします。テンプレートを使用する場合は、テンプレートを選択して[作成]をクリックします。

上書き保存について
表を作成しているときは、こまめに上書き保存しましょう。何らかのトラブルでExcelが強制終了しても、保存しておけば安心です。

表の利用
作成した表のデータを基に、いろいろな種類のグラフを作成することもできます。

文字や数値を入力する

表を作成するには、まず表に必要な文字や数値をセルごとに入力します。目的のセルにカーソルを移動したあと、データを入力して確定すると、文字列はセル内で左詰め、数値や日付は右詰めで表示されます。また、連続データは、「オートフィル」を使うと効率よく入力できます。

オートフィル
オートフィルとは、1、2、3…のように連続した数値を自動的に入力できる機能です。

●データを入力する前に
データ入力に必要な名称を次の画面で確認しておきましょう。

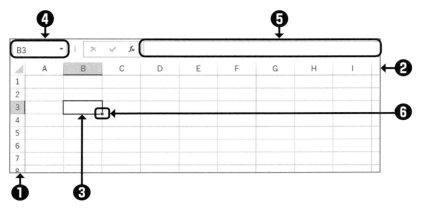

❶行番号：行の位置を表す番号
❷列番号：列の位置を表す番号
❸アクティブセル：選択中で操作対象になるセル
❹名前ボックス：アクティブセルのセル番地が表示される
❺数式バー：アクティブセルに入力しているデータや数式が表示される
❻フィルハンドル：ドラッグすると、連続データを入力したり、数式をコピーしたりすることができる

セル番地
「セル番地」とは、列番号と行番号で表したセルの位置のことです。

●文字や数値の入力
漢字やひらがなを入力するときは日本語入力システムの日本語入力モードをオン（あ）、数値や英数字、数式、記号などを入力するときはオフ（A）にしておきます。日本語入力モードのオン/オフを切り替えるには、**半角/全角**キーを押します。オン/オフの状態は、タスクバーの右側にあるアイコンで確認しましょう。

入力モードの切り替え
日本語入力モードの切り替えは、タスクバーの右側にあるアイコンをクリックしても切り替えることができます。

また、日本語入力システムがオンのときは、文字の確定とセル入力の確定のために、**Enter**キーを2回押す必要があります。

データの修正
確定後、入力したデータの一部を修正するには、目的のセルをダブルクリックしてセル内にカーソルを表示して、修正します。

1. 次の画面を参考に、文字や数値を入力します。

	A	B	C	D	E	F
1	コーヒー豆売上表					
2						
3	品番	商品名	価格	数量	金額	
4		マイルド	580	110		
5		モカ	650	80		
6		ロイヤル	800	85		
7		ブルマン	800	70		
8		コナ	900	90		

> **活用**
>
> **Enter**キーで確定すると、初期設定ではアクティブセルは下のセルに移動します。**Enter**キーの代わりに**Tab**キーを使うと、アクティブセルは右のセルに移動します。項目名だけ、横方向にまとめて入力したいときは、**Tab**キーで移動すると便利です。
> データをまとめて複数のセルに入力する場合は、あらかじめ入力するセルを範囲選択してから入力するとよいでしょう。データを入力して**Enter**キーを押すと、選択範囲内で次のセルに移動するので、効率よく入力できます。

そのまま表示するには
「4/25」のように、入力したまま表示するには、データの先頭に「'(シングルクォーテーション)」を付けて入力します。入力したデータは文字列として扱われます。

日付の入力
ここでは、2019年に入力した場合の画面になっています。年数を省略すると、入力したときの年数が自動的に追加されます。

入力できる連続データ
オートフィルでは、日付や時刻などの規則性のある値や、「1班」のように文字列と数値を組み合わせた値の連続データを入力できます。

●日付の入力

スラッシュ（/）またはハイフン（-）で区切られた数値データは、自動的に日付データとして入力されます。ここでは、セルD1に「日付」と入力したあと、セルE1に「4月25日」と入力しましょう。

1. セルD1に「日付」と入力します。
2. セルE1に「4/25」と入力し、**Enter**キーを押します。
3. 「4月25日」と表示されます。

●連続データの入力

オートフィルを使って、ここではセルA4～A8に「C-01」から「C-05」までを順に入力しましょう。

1. セルA4に「C-01」と入力後、再度セルA4をクリックします。
2. セルA4の右下にあるフィルハンドルをポイントし、マウスポインターの形が＋に変わったらセルA8までドラッグします。
3. セルA5～A8に「C-02」から「C-05」が入力されます。

> **活用**
>
> 数値だけが入力されている単一のセルを基にオートフィルを使うと、同じ数値が入力されます。オートフィルの操作後に表示される[オートフィルオプション]ボタンをクリックし、一覧から[連続データ]をクリックすると、連続した値に変更できます。また、書式のみ、書式なしのコピー、フラッシュフィルも選択できます。データの横に結果の候補を入力すると、その候補と同じパターンでデータを自動入力できます。適切に自動入力されない場合は、訂正しましょう。

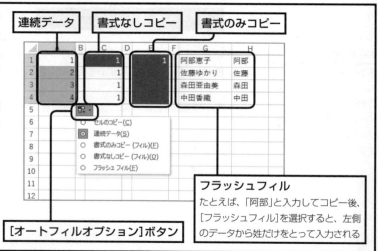

フラッシュフィル
たとえば、「阿部」と入力してコピー後、[フラッシュフィル]を選択すると、左側のデータから姓だけをとって入力される

ブックを保存する

作成したブックには、わかりやすい「名前を付けて保存」します。Windows 10にMicrosoftアカウントでサインインしている場合は、保存の操作を行うと、初期設定ではOneDriveが保存先として表示されます。OneDriveはマイクロソフト社が提供している無料で使えるWeb上のデータ管理サービスです。本書では、OneDriveではなく、使用しているコンピューターのハードディスクに保存します。

●ブックの保存
ここでは、[保存用]フォルダーに「コーヒー豆売上」という名前を付けてブックを保存しましょう。

1. [ファイル]タブをクリックし、[名前を付けて保存]をクリックします。
2. 保存するフォルダーを指定します。
3. [名前を付けて保存]ダイアログボックスが表示されたら、[ファイル名]ボックスに「コーヒー豆売上」と入力し、[保存]をクリックします。

ファイルの保存先
ファイルの保存先として一般的な[ドキュメント]を表示したいときは、ダイアログボックスの左側にあるナビゲーションウィンドウで[PC]の[ドキュメント]をクリックします。

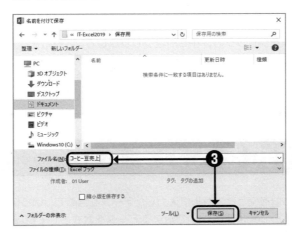

ファイルの管理
ファイルは、作成した内容ごとにフォルダーを作成し、その中に分類していきます。すぐに保存先がわかって効率的に作業ができます。フォルダーを作成するには[新しいフォルダー][新しいフォルダー]ボタンをクリックします。

4. ブックが[保存用]フォルダーに「コーヒー豆売上」という名前で保存されます。ブックに名前を付けて保存すると、タイトルバーにそのブックの名前が表示されます。

●上書き保存
一度保存したブックに編集を加えたあと、「上書き保存」して更新する場合は、クイックアクセスツールバーの[保存][上書き保存]ボタンをクリックします。操作ミスや停電など予期せぬトラブルでブックファイル自体やブックの内容が失われることもあるので、こまめに上書き保存する習慣を身に付けましょう。

クイックアクセスツールバー
クイックアクセスツールバーは、[ファイル]タブの上にあります。

最近使ったブック

[開く]画面の右側には、最近使用したブックの一覧が表示されます。目的のブックがここにある場合はクリックするとすぐに開きます。

ファイルの場所の指定

たとえば、[ドキュメント]内のフォルダーを指定する場合は、ダイアログボックスの左側にあるナビゲーションウィンドウの[PC]の[ドキュメント]をクリックし、一覧の中から目的のフォルダーをダブルクリックします。

●ブックを閉じる

Excelを起動したまま、開いているブックだけを閉じる場合は、[ファイル]タブをクリックし、[閉じる]をクリックします。
Excelを終了する場合は、画面右上の ✕ 閉じるボタンをクリックします。

●ブックを開く

保存した「ブックを開く」場合は、次の操作を行います。

1. [ファイル]タブをクリックし、[開く]をクリックします。
2. 開くファイルが保存されている場所を指定します。
3. [ファイルを開く]ダイアログボックスが表示されたら、一覧から開きたいブックをクリックして[開く]をクリックします。

活用

ブックを配布する場合は、配布先の相手が開くことのできるファイル形式で保存する必要があります。Excel 2010以降がインストールされている環境であれば、上記の「ブックを開く」の手順で保存したブックを開けます。相手の環境にExcel 2010以降がインストールされていない場合は、Adobe Readerで表示できるPDF形式にするなど、相手に合わせたファイル形式で保存しましょう。計算式などを変更されたくない場合は、PDF形式で保存して相手に配布すると、内容を改ざんされず、セキュリティの面でも役立ちます。

●PDF形式で保存する

1. [ファイル]タブをクリックし、[名前を付けて保存]をクリックします。
2. 保存するフォルダーを指定します。
3. [名前を付けて保存]ダイアログボックスで、ファイルの保存場所を確認し、ファイル名を指定します。
4. [ファイルの種類]ボックスをクリックし、[PDF]をクリックして、[保存]をクリックします。
※ Windows 10では、OSにPDFが作成できる機能があります。[ファイル]タブの[印刷]をクリックして[プリンター]の一覧で[Microsoft Print to PDF]を選択し、[印刷]をクリックします。[印刷結果を名前を付けて保存]ダイアログボックスが表示されたら、ファイル名を指定して[保存]をクリックします。

数式を入力する

「数式」を使うと、セルに入力したデータを含めて、いろいろな計算をすることができます。Excelは等号（＝）で始まるデータを数式として認識します。セルに入力している数値を計算するには、「＝B3+C3」のようにセル番地で指定します。このように、計算に数値ではなく、直接セル番地を指定することを「セル参照」といいます。セル参照を使った数式は、参照するセルの値が変わると自動的に再計算され、計算結果が更新されます。またコピーすると、コピー先に合わせてセル参照が調整されるので、セルごとに数式を入力する手間を省くことができます。

四則演算子

数式の入力には、次の演算子を使用します。
+ 足し算
− 引き算
* 掛け算
/ 割り算

D3	▼	：	✕	✓	*fx*	=B3+C3
	A	B	C	D	E	F	G
1							
2		会員	一般	合計			
3	Aコース	12	8	20			

146

●セル参照を使用した数式の入力

ここでは、「価格」と「数量」を掛けて「金額」を求める数式を入力しましょう。

1. セルE4に「＝」と入力します。
2. セルC4をクリックします。セルE4に「＝C4」と表示され、セルC4が点滅する点線で囲まれます。
3. 「*」を入力し、セルD4をクリックします。
4. セルE4と数式バーに「＝C4*D4」と表示されたことを確認し、**Enter**キーを押します。

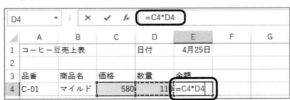

5. セルE4に計算結果（63800）が表示されます。

●数式のコピー

セル参照を使用した数式をコピーすると、数式と参照するセルとの相対的な位置関係が保たれた状態で、セル参照が自動的に更新されます。ここでは、オートフィルを使って、セルE4に入力した数式をセルE5～E8にコピーしましょう。

1. セルE4をクリックします。
2. セルE4の右下にあるフィルハンドルをポイントし、マウスポインターの形が＋に変わったらセルE8までドラッグします。
3. セルE5～E8に数式がコピーされ、計算結果が表示されます。

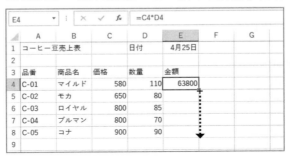

セル番地の入力

セル番地を直接入力することもできます。その際、たとえば「＝C」と入力すると「C」で始まる関数の一覧が表示されます。セル番地を入力するときは、そのまま続きを入力します。

数式の確認

数式を入力したセルには、計算結果が表示されます。数式は、目的のセルを選択して、数式バーで確認します。

セル参照の種類

セル参照には「相対参照」や「絶対参照」などの種類があり、ここで紹介しているのは相対参照です。

> **活用**
>
> 数式の入力されたセルをダブルクリックすると、数式の参照先のセルが色付きの枠で表示されます。数式が誤っていないかどうかを確認する1つの手段にもなるので覚えておきましょう。
> また、入力した数式を修正するには、次のような方法があります。
> ・目的のセルをダブルクリックし、セル内にカーソルが表示されたら数式を修正して、**Enter**キーを押します。
> ・目的のセルを選択し、数式バー内をクリックします。数式バー内にカーソルが表示されたら数式を修正して、**Enter**キーを押します。

関数で合計を求める

Excelには、いろいろな計算やデータ処理を効率よく行うための「関数」という機能があります。ここでは、合計を求める「SUM関数」を使って説明します。

●関数とは

Excelには450以上の関数があり、関数ごとに特定の計算やデータ処理が定義されています。ここで説明するSUM関数は合計を求める関数です。数式に「＝SUM（B3：D4）」と指定すると、セルB3～D4の値の合計を求めます。

よく使われる関数
平均はAVERAGE関数を使用します。最大値や最小値などを求める関数もあります。これらのよく使用される関数は[Σ・][合計]ボタンの▼をクリックすると表示されます。

●関数の書式

関数を使用するには、「＝」に続けて関数名と「引数（ひきすう）」を半角で入力します。引数には、関数の処理に必要な値やセル、セル範囲、文字列などを指定して、全体を「（）」で囲みます。

関数の引数
引数の内容は、関数によって異なります。関数ごとに決められた書式に従って指定します。

$$=\text{SUM}\ (\underline{\text{B3：D4}})$$
　　関数名　　引数

●SUM関数の入力

関数の入力方法はいくつかありますが、SUM関数は[ホーム]タブの[Σ・][合計]ボタンを使うと簡単に入力できます。ここではセルD10に「合計金額」と入力したあと、[Σ・][合計]ボタンを使って、セルE10に「金額」の合計を求めましょう。

[合計]ボタン
[Σ・][合計]ボタンを使ってSUM関数を自動入力できます。[数式]タブの[Σ][オートSUM]ボタンでも、同様にSUM関数を入力できます。

1. セルD10に「合計金額」と入力します。
2. セルE10をクリックし、[ホーム]タブの[Σ・][合計]ボタンをクリックします。SUM関数の数式が表示され、計算対象のセル範囲に点滅する点線が表示されます。
3. セルE4～E8を範囲選択して、計算対象のセル範囲を修正します。
4. SUM関数の数式が正しいことを確認して、**Enter**キーを押して確定します。[Σ・][合計]ボタンを再度クリックしても、数式を確定できます。
5. セルE10に合計（320800）が求められます。

その他の入力方法
・数式を直接入力する
・[数式]タブの[関数ライブラリ]を使う

148

活用

[Σ・][合計]ボタンを使うと、複数のセルにまとめて数式を入力できます。次のように複数のセルを範囲選択した状態で[Σ・][合計]ボタンをクリックすると、選択したそれぞれのセルにSUM関数の数式が入力され、合計の値が表示されます。

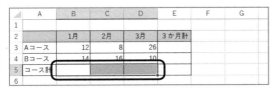

縦横の合計をまとめて求めるときは、次のように計算対象の数値を含めて選択した状態で、[Σ・][合計]ボタンをクリックします。

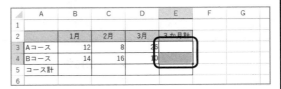

活用

数式で参照しているセルやセル範囲は、マウス操作で変更することもできます。セルをダブルクリックして数式を編集可能な状態にすると、参照しているセルやセル範囲に色付きの枠が表示されます。参照するセル範囲を変更するには、枠の隅をポイントして、マウスポインターの形が↘や↖に変わったらドラッグします。修正が済んだら、**Enter**キーを押して確定します。

表の体裁を整える

表の体裁を整えるには、文字を強調したり、セルに罫線や色などを設定したりします。文字を強調したいときは、「フォント」（文字の書体）や「フォントサイズ」（文字の大きさ）を変更します。「太字」、「斜体」、「下線」、「フォントの色」なども設定できます。
表をわかりやすくするには、「罫線」や「セルの背景色」などの書式を設定し、「セル内のデータの配置」を整えます。たとえば表の見出しを目立たせるには、セルに色を付けて、セルの中央に文字を配置します。また、数量や金額などの数値データを「3桁区切り」で表示したり、先頭に「￥」（通貨記号）を付けたりします。

●フォントとフォントサイズの設定

ここでは、セルA1の文字のフォントをHG丸ゴシックM-PRO、フォントサイズを14ポイントに設定しましょう。

1. セルA1をクリックします。
2. [ホーム]タブの[游ゴシック▼][フォント]ボックスの▼をクリックし、一覧から[HG丸ゴシックM-PRO]をクリックします。フォントが変更されます。
3. [ホーム]タブの[11▼][フォントサイズ]ボックスの▼をクリックし、一覧から[14]をクリックします。フォントサイズが変更されます。

元に戻す
入力や編集の操作を間違ったときは、クイックアクセスツールバーの[⤺][元に戻す]ボタンをクリックします。クリックするごとに、直前に行った操作を1操作ずつ取り消すことができます。

フォントサイズの単位
フォントサイズは「ポイント」（pt）という単位で指定します。

リアルタイムプレビュー
一覧のフォントやサイズにマウスポインターを合わせると、選択している文字が一時的にその内容で表示され、設定後のイメージを確認できます。設定する前にイメージを確認しましょう。

活用

A̅[フォントサイズの拡大]ボタンやA̅[フォントサイズの縮小]ボタンでも、文字の大きさを変更できます。また、目的のフォントサイズが一覧にない場合、[11▼][フォントサイズ]ボックス内をクリックし、数値を入力してEnterキーを押します。

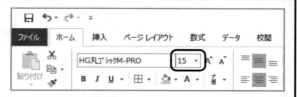

●太字の設定

ここでは、セルA1の文字を太字に設定しましょう。

太字の解除
太字を解除するには、セルを選択して[B][太字]ボタンを再度クリックします。斜体や下線の解除方法も同様です。

1. セルA1が選択されていることを確認し、[ホーム]タブの[B][太字]ボタンをクリックします。文字が太字で表示されます。

●斜体、下線の設定

文字を斜体にするには、同様の操作で[ホーム]タブの[I][斜体]ボタンをクリックします。下線を付けるには、[ホーム]タブの[U▼][下線]ボタンの▼をクリックし、一覧から下線の種類を選択します。

活用

文字の色や取り消し線など、その他の文字の書式は、次の方法で設定します。
・文字色を設定するには、セルを選択してから[ホーム]タブの[A▼][フォントの色]ボタンの▼をクリックし、一覧から目的の色をクリックします。
・取り消し線や上付き、下付きを設定するには、セルを選択してから[ホーム]タブの[フォント]グループ右下の[⌐][フォントの設定]ボタンをクリックし、[セルの書式設定]ダイアログボックスを表示します。[フォント]タブで[取り消し線]、[上付き]、[下付き]のチェックボックスをオンにして、[OK]をクリックします。
・[セルの書式設定]ダイアログボックスの[フォント]タブを使うと、複数の書式をまとめて設定できます。また、[下線]ボックスの▼をクリックすると、会計用の下線も設定できます。

●罫線の設定

ここでは、セルA3～E8とセルD10～E10に格子状の罫線、セルA3～E3に下二重罫線を設定しましょう。

1. セルA3～E8を範囲選択し、**Ctrl**キーを押しながらセルD10～E10を範囲選択します。

2. [ホーム]タブの[罫線]ボタンの▼をクリックし、一覧から[格子]をクリックします。選択したセル範囲に格子状の罫線が設定されます。

3. セルA3～E3を範囲選択します。

4. [ホーム]タブの[罫線]ボタンの▼をクリックし、一覧から[下二重罫線]をクリックします。選択したセル範囲の下側が二重罫線に変わります。

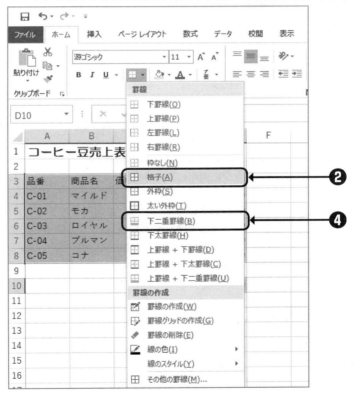

複数のセル範囲の選択
複数のセル範囲を選択するには、**Ctrl**キーを押しながら、2つ目以降のセルやセル範囲を選択します。

[罫線]ボタン
[罫線]ボタンの表示は、直前に選択した線種やコマンドに変更されます。

罫線の消去
罫線を消去するには、一覧から[枠なし]を選択します。

いろいろな罫線
二重罫線以外の線種を引いたり、線の色を変えたりすることもできます。変更するには、[罫線]ボタンの一覧から選択するか、[セルの書式設定]ダイアログボックスの[罫線]タブで指定します。

色の設定
色を設定する箇所は、見出しや目立たせたいセルだけにしましょう。過度な色設定は、煩雑な表になり、わかりにくくなります。

背景色の解除
背景色を解除するには、一覧から[塗りつぶしなし]を選択します。

一覧の[その他の色]
一覧の[その他の色]を選択すると、[色の設定]ダイアログボックスが表示され、一覧にない色を設定できます。

●セルの背景色の設定

セルに色を付けるには、塗りつぶしの色を設定します。ここでは、セルA3～E3とセルD10の背景色に「テーマの色」の「緑、アクセント6、白+基本色60%」を設定しましょう。

1. セルA3～E3を範囲選択し、**Ctrl**キーを押しながらセルD10をクリックします。
2. [ホーム]タブの[塗りつぶしの色]ボタンの▼をクリックし、一覧から「緑、アクセント6、白+基本色60%」（上から3番目、右端）をクリックします。選択したセル範囲に指定した背景色が設定されます。

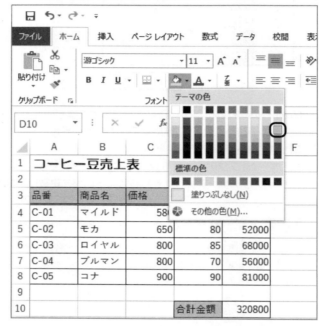

活用

[テーマの色]に表示される色は、ブックに適用している「テーマ」や「テーマの色」によって変わります。テーマとは、あらかじめ定義されたフォントや配色、図形の形式などのデザイン要素が組み合わされたもので、初期設定では「Office」というテーマが設定されています。ブックに適用するテーマやテーマの色を変更するには、[ページレイアウト]タブの[テーマ]ボタンや[配色]ボタンを使用します。
テーマにはいろいろな書式があるので、作成した内容に合わせて、見やすくわかりやすい書式を選択しましょう。特にモノクロで印刷する場合などは、色によっては薄くなったりするため、注意が必要です。

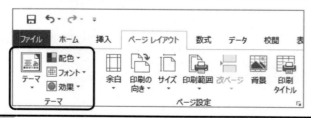

●セル内のデータの配置
セル内のデータの配置を整えるには、[ホーム]タブの[配置]の次のボタンを使います。

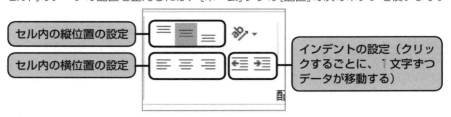

ここでは、セルD1の文字列「日付」を右揃え、セルA3〜E3、セルD10の項目名を中央に配置しましょう。

配置の設定
セル内でデータを左詰めで配置するには、同様の操作で[左揃え]ボタンをクリックします。セルに収まらない文字については、文字を縦書きにしたり、折り返して表示することもできます。

配置の設定の解除
配置の設定を解除するには、セルを選択してから解除する配置のボタンをクリックします。

1. セルD1をクリックし、[ホーム]タブの[右揃え]ボタンをクリックします。セル内で文字列が右詰めで表示されます。
2. セルA3〜E3を範囲選択し、**Ctrl**キーを押しながらセルD10をクリックします。
3. [ホーム]タブの[中央揃え]ボタンをクリックします。各セル内で文字列が中央に表示されます。

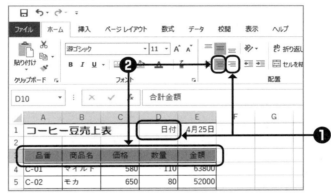

活用

セルのスタイル機能には、フォントやフォントサイズ、罫線、塗りつぶしなどの複数の書式がまとめられています。書式設定に時間がかからず、スタイルの設定後も一部の書式を変更することができるので、効率的に作業できます。
定義されているスタイルをセルに適用するには、セルを選択してから[ホーム]タブの[セルのスタイル]ボタンをクリックし、一覧から目的のスタイルを選択します。

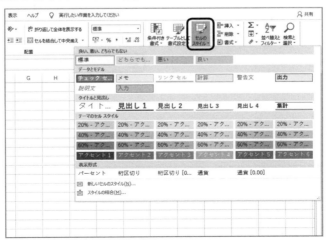

●3桁区切りや「¥」（通貨記号）の表示

ここでは、セルE4～E8とセルE10の数値を3桁ごとに「,」で区切り、セルE10の数値には先頭に「¥」を表示しましょう。

通貨の表示形式

3桁区切りの数値には、自動的に通貨の表示形式が適用されます。元の表示形式に戻すには、[ホーム]タブの[数値の書式]ボックスの▼をクリックし、一覧から[標準]をクリックします。

1. セルE4～E8を範囲選択し、[ホーム]タブの [桁区切りスタイル]ボタンをクリックします。「,」が表示されます。
2. セルE10をクリックし、[ホーム]タブの [通貨表示形式]ボタンをクリックします。数値が「,」で区切られ、先頭に「¥」が表示されます。

3. クイックアクセスツールバーの [上書き保存]ボタンをクリックして、ブックを上書き保存します。

活用

セルを選択してDeleteキーを押しても、セルの背景色やデータの配置など、セルに設定されている書式は削除されません。すべての書式をまとめて解除するには、セルを選択してから[ホーム]タブの [クリア]ボタンをクリックし、一覧から[書式のクリア]をクリックします。一覧の[すべてクリア]を選択すると、データもまとめて削除できます。

練習問題

❶入力内容を参考に、データを入力してください。

入力内容

	A	B	C	D	E	F	G
1	学園祭売上集計						
2						作成日:	11月8日
3	催し	1日目			合計	売上目標	差額
4	展示即売	24600	28400	30200		80000	
5	カフェ	11500	13200	13700		30000	
6	屋台	8600	8200	7900		25000	
7	茶席	4000	4600	3800		12000	
8	バザー	7800	8500	6900		30000	
9							
10	売上合計						

❷セルC3に「2日目」、セルD3に「3日目」と入力しましょう。
❸セルA1にフォント「HGPゴシックE」、フォントサイズ「16」を設定しましょう。
❹セルA3～G8とセルA10～B10に格子状の罫線、セルA3～G3に下太罫線を設定しましょう。
❺見出しと「売上合計」のセルの背景色に「テーマの色」の「青、アクセント5、白＋基本色60％」を設定し、3行目と売上合計の見出しをセルの中央に配置しましょう。
❻SUM関数を使って、「合計」と「売上合計」を求めましょう。
❼「差額」は「売上目標－合計」を入力して求めましょう。
❽数値に「3桁区切り」、「売上合計」と「差額」の数値に「￥付きの3桁区切り」を設定しましょう。
❾[保存用]フォルダーに、ブックを「B-L09-01」という名前で保存しましょう。

❶ブック「B-L09-02_入力済」を開きましょう。

ブック内容

	A	B	C	D	E	F	G	H	I
1	上半期売上一覧								
2									単位（千円）
3	社員番号	社員名	4月						合計
4	No101	浅田一馬	1250	1340	1130	1570	1400	1280	
5		佐藤博之	1580	1280	1470	1360	1330	1500	
6		中村和子	1320	1230	1300	1410	1270	1160	
7		広山瞬	1540	1250	1440	1380	1410	1280	
8		高橋由美	950	1020	1190	1270	1050	1360	
9	合計								
10									

❷セルD3～H3に「5月」～「9月」と入力しましょう。
❸セルA5～A8に、書式を変更せずに「No102」～「No105」を入力しましょう。
❹SUM関数を使って、縦横の「合計」を一度に求めましょう。
❺数値データに「3桁区切り」を設定しましょう。
❻見出しのセルを「テーマのセル　スタイル」の「ゴールド、アクセント4」に変更しましょう。
❼[保存用]フォルダーに、ブックを「B-L09-02」という名前で保存しましょう。

155

Lesson 10　見やすく使いやすい表にする編集操作

思いどおりに表を作成するには、列幅を変更したり、セルを結合したり、いろいろな編集操作をマスターしておく必要があります。見やすいように表の体裁を整えることも大切です。ここでは、表のレイアウトを整える操作やテクニックを学習します。

キーワード

- □□行の高さ
- □□列幅
- □□コピー・移動
- □□行や列の挿入・入れ替え・削除
- □□行や列の移動
- □□セルの結合
- □□文字列の縦書き
- □□文字列の折り返し
- □□罫線の線種
- □□斜線
- □□ページレイアウト
- □□印刷プレビュー

このレッスンのポイント

▶ 列幅を調整する

▶ 表の構成を変更する

▶ セルを結合する

▶ 文字列を縦書きや折り返して表示する

▶ 表を見やすくする

▶ ページレイアウトを設定する

完成例（ファイル名：学園祭の来場者数.xlsx）

分類	開催内容	日程			合計	開催場所	担当	備考
		1日目	2日目	3日目				
イベント	落語	90	100	120	310	223教室	落研	午前と午後の2回開催、2回分の合計
	ライブステージ	150	160	180	490	ホール	軽音楽部	
	講演会		250	288	538	講堂	マスコミ研究会	
	パネルディスカッション	65	78	90	233	110教室	雄弁クラブ	
	フリーマーケット		150	190	340	中庭	運営委員会	正確な人数は測定不能のため、おおよその人数を計上

■学園祭の来場者数

列幅を調整する

「行の高さ」はセルに入力したデータのフォントサイズによって自動的に調整されますが、「列幅」は文字量に合わせて手動で広げたり、狭めたりする必要があります。複数の列の列幅をまとめて変更したり、列内の最も長い文字列に合わせて自動調整したりすることもできます。

●列幅の変更
ここでは「開催内容」の列を23.00、「1日目」～「3日目」の各列を7.00に変更しましょう。「備考」の列は、列内の最も長い文字列に合わせて自動調整します。

1. 次の画面を参考に、A～C列に文字を入力します。C列に文字列を入力すると、B列のセルに収まらない文字列は表示されなくなります。

 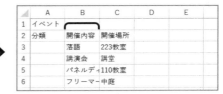

2. 列番号Bの右の境界線をポイントし、マウスポインターの形が ✣ に変わったら右方向に「23.00」と表示されるまでドラッグします。

3. B列の列幅が23.00に広がり、入力した文字列がすべて表示されます。
4. 次の画面を参考に、セルD2～H2とセルH3に文字を入力します。

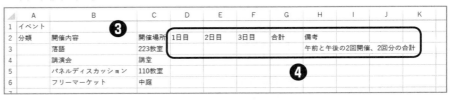

5. 列番号D～Fを範囲選択します。選択範囲内のいずれかの列番号の境界線をポイントし、マウスポインターの形が ✣ に変わったら左方向に「7.00」と表示されるまでドラッグします。
6. D～F列の列幅がすべて7.00になります。

列幅や高さの数値
列幅や高さを変更すると、数値がポップヒントで表示されます。正確な数値で変更したい場合は、このポップヒントを確認しながら変更します。

行・列単位の選択
行または列を選択するには、行番号や列番号をクリックします。ドラッグすれば、複数の行や列を選択できます。

数値による列幅の指定
列幅の数値を直接指定して変更することもできます。目的の列の列番号を右クリックしてショートカットメニューの[列の幅]をクリックし、[列の幅]ダイアログボックスで数値を入力します。

行の高さの変更
行の高さを手動で変更することもできます。

7. 列番号Hの右の境界線をポイントし、マウスポインターの形が✛に変わったらダブルクリックします。

8.「午前と午後の2回開催、2回分の合計」に合わせて列幅が変更されます。

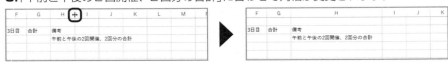

9. 作成したブックを「学園祭の来場者数」という名前で、[保存用]フォルダーに保存します。

活用

列内の特定の文字列に合わせて、列幅を自動調整することもできます。たとえば、下の画面のような場合、A列の右の境界線をダブルクリックすると文字列「■学園祭の来場者数」に合わせて列幅が自動調整されてしまいます。文字列「分類」に合わせて列幅を自動調整するには、セルA3を選択したあと、[ホーム]タブの[書式]ボタンをクリックし、一覧から[列の幅の自動調整]を選択します。

また、数値がセルに収まらない場合は、「1E+07」や「####」のような表示になる場合があります。列幅を変更して、すべてが表示されるようにすれば入力どおりに表示されます。

表の構成を変更する

データを入力したセルは、セル単位で「コピー」、「移動」することができます。データを別の箇所に表示したいときは、セルを移動するとよいでしょう。作成した表の構成を変えたいときは、後から行や列を「挿入」したり、「入れ替え」たりすることもできます。

●セルの移動

セルに入力したデータは、マウス操作（ドラッグ＆ドロップ）でコピー・移動することができます。ここでは、セルA1のデータをセルA3に移動しましょう。

1. セルA1をクリックします。

2. 選択したセルの外枠にマウスポインターを合わせ、マウスポインターの形が に変わったらセルA3までドラッグします。

> **セルのコピー**
> データをコピーするには、**Ctrl**キーを押しながら移動先までドラッグし、マウスのボタンを離してから、**Ctrl**キーを離します。

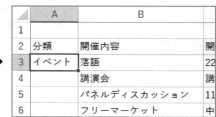

活用

[ホーム]タブの[切り取り]、[コピー]、[貼り付け]の各ボタンを使って、データを移動・コピーすることもできます。移動先が離れているときや、同じデータを繰り返し貼り付けたいときに使うと便利です。データを移動するには、目的のセルを選択してから[切り取り]ボタンをクリックし、移動先で[貼り付け]ボタンをクリックします。コピーは、[切り取り]ボタンの代わりに[コピー]ボタンをクリックします。コピー元のセルに点滅する点線が表示されている間は、同じデータを繰り返し貼り付けることができます。セルの点滅を解除するには、**Esc**キーを押します。

また、ショートカットキーを利用しても、同様の操作ができます。切り取りは**Ctrl**+**X**キーを、貼り付けは**Ctrl**+**V**キーを、コピーは**Ctrl**+**C**キーを押します。ショートカットキーはExcel以外でもWindows上の多くのアプリケーションで使用することができるので、覚えておくとよいでしょう。

●行や列の挿入

ここでは4行目(「イベント」の下)とD列(「開催場所」の右)に、新しい行または列をそれぞれ挿入しましょう。

1. 行番号4を右クリックし、ショートカットメニューの[挿入]をクリックします。
2. 指定した位置に新しい行が挿入されます。
3. 挿入した行の「開催内容」に「ライブステージ」、「開催場所」に「ホール」と入力します。

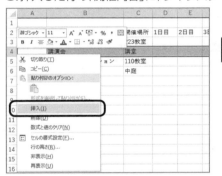

4. 列番号Dを右クリックし、ショートカットメニューの[挿入]をクリックします。
5. 指定した位置に新しい列が挿入されます。

6. 次の画面を参考に、「担当」という項目と主催者名を入力し、D列の列幅を自動調整します。

	A	B	C	D	E	F	G	H
1								
2	分類	開催内容	開催場所	担当	1日目	2日目	3日目	合計	備考
3	イベント	落語	223教室	落研					午前と午
4		ライブステージ	ホール	軽音楽部					
5		講演会	講堂	マスコミ研究会					
6		パネルディスカッション	110教室	雄弁クラブ					
7		フリーマーケット	中庭	運営委員会					
8								

行や列の削除

行や列を「削除」するには、削除したい行や列の行番号または列番号を右クリックし、ショートカットメニューの[削除]をクリックします。

複数の行や列の挿入

複数の行をまとめて挿入するには、挿入したい行数分だけ行を選択し、挿入の操作を実行します。選択した行数が3行のときは、3行挿入されます。複数の列をまとめて挿入するときも、挿入したい列数分だけ列を選択し、挿入の操作を実行します。

> **活用**

セル単位で挿入、削除することもできます。セルを挿入または削除するには、目的のセルを右クリックし、ショートカットメニューの[挿入]または[削除]をクリックします。[セルの挿入]ダイアログボックスまたは[削除]ダイアログボックスが表示されたら、挿入方法や削除方法を指定します。
たとえば[セルの挿入]ダイアログボックスで[右方向にシフト]を選択すると、下画面のように指定した位置にセルが挿入され、選択したセルとその右側にあるすべてのセルが右方向に移動します。

●行や列の移動

セルの移動と同様、行や列もマウス操作（ドラッグ＆ドロップ）で「移動」できます。行や列を入れ替えたいときは、**Shift**キーを押しながら操作します。
ここでは、「開催場所」と「担当」の列を「合計」の右にまとめて移動しましょう。

1. 列番号C～Dを範囲選択します。
2. 選択した列の外枠にマウスポインターを合わせ、マウスポインターの形が に変わったら**Shift**キーを押しながら右方向にドラッグします。

Shiftキーの効用
Shiftキーを押さずに移動すると、移動先にデータが上書きされますが、**Shift**キーを押すと既存のデータはそのままで、移動した行または列が挿入されます。

3. 次の画面のような縦線がH列とI列の間に表示されたら、**Shift**キーを押したままボタンを離します。列の移動を確認したら、**Shift**キーを離します。

4.「開催場所」と「担当」の列が「合計」の右側に移動します。

> **活用**

行や列は、必要に応じて表示、非表示を切り替えることができます。行や列を非表示にするには、目的の行番号または列番号を右クリックし、ショートカットメニューの[非表示]をクリックします。
非表示の行や列を再表示するには、非表示になっている部分を含めて隣接する行または列を範囲選択し、選択範囲内を右クリックしてショートカットメニューの[再表示]をクリックします。
行数や列数が多い表や、今は必要なくても履歴としてデータを残しておきたい場合は、データを非表示にしておけば、必要なときに再表示をして確認することができます。数式で参照している数値のある行や列を非表示にしても、計算結果は変わりません。

活用

作成した表の行と列の項目取りがイメージどおりでない場合は、行を列、列を行に変更することができます。行と列を入れ替えた表を作成するには、表全体を選択し、[ホーム]タブの[コピー]ボタンをクリックします。作成したい位置をクリックし、[貼り付け]ボタンの▼をクリックし、一覧から[行/列を入れ替え]のアイコンを選択します。

セルを結合する

隣接する複数のセルは、「結合」して1つのセルのように扱うことができます。[ホーム]タブの[セルを結合して中央揃え]ボタンで結合すると、結合したセル内で自動的にデータが中央に配置されます。

●セルを結合してデータを中央に配置

ここでは、「1日目」～「3日目」の上のセルを結合し、その中央に「日程」という文字列を配置しましょう。「分類」、「開催内容」、「合計」、「開催場所」、「担当」、「備考」も、それぞれすぐ上のセルと結合します。

1. セルC1に「日程」と入力します。

2. セルC1～E1を範囲選択し、[ホーム]タブの[セルを結合して中央揃え][セルを結合して中央揃え]ボタンをクリックします。

セルの結合
結合するセルにそれぞれデータを入力している場合、左上端のセルのデータだけが残り、他のセルのデータが消去されることを確認するメッセージが表示されます。

セルの結合の解除
セルの結合を解除するには、結合したセルを選択し、再度[セルを結合して中央揃え][セルを結合して中央揃え]ボタンをクリックします。

F4キーの利用
F4キーを押すと、直前に実行した操作が繰り返されます。

3. セルが結合し、その中央に文字列「日程」が配置されます。

4. セルA1～A2を範囲選択し、**F4**キーを押します。セルが結合し、その中央に文字列「分類」が配置されます。

5. 同様の操作で、セルB1～B2、セルF1～F2、セルG1～G2、セルH1～H2、セルI1～I2をそれぞれ結合します。

活用

[セルを結合して中央揃え][セルを結合して中央揃え]ボタンで調整されるデータの配置は横方向だけで、縦方向は結合前の位置がそのまま保持されます。データの配置を指定しないでセルを結合するには、[セルを結合して中央揃え][セルを結合して中央揃え]ボタンの▼をクリックし、一覧から[セルの結合]を選択します。また、結合したセル内の文字の配置は、通常のセルと同じように[ホーム]タブの[配置]グループの各ボタンで変更できます。

文字列を縦書きや折り返して表示する

セルに入力した文字列を「縦書き」にしたり、セルに収まらない文字列を「折り返し」にしたりすることができます。

●文字列の縦書き

ここでは隣接する上下のセルを結合し、「イベント」という文字列を縦書きにしましょう。続けてA列の列幅を自動調整し、行を追加して表のタイトルを追加します。

1. セルA3〜A7を範囲選択し、[ホーム]タブの [セルを結合して中央揃え] ボタンをクリックします。
2. セルが結合し、その中央に文字列「イベント」が配置されます。
3. 続けて[ホーム]タブの [方向]ボタンをクリックし、一覧から[縦書き]をクリックします。文字列「イベント」が縦書きで表示されます。

> **文字列の方向**
> [方向]ボタンの一覧で[左回りに回転]や[右回りに回転]を選択すると、文字列を斜めに表示できます。

4. 文字列「分類」に合わせて列幅を自動調整するため、列番号Aの右の境界線をポイントし、マウスポインターの形が ✢ に変わったらダブルクリックします。
5. 表の上に2行追加するため、行番号1〜2を範囲選択し、選択範囲内を右クリックしてショートカットメニューの[挿入]をクリックします。
6. 挿入した行のセルA1に「■学園祭の来場者数」と入力します。

●文字列の折り返し

ここでは「フリーマーケット」の「備考」欄に文字列を入力し、セル内に収まるように文字列の折り返しを設定しましょう。

1. セルI9に「正確な人数は測定不能のため、おおよその人数を計上」と入力します。
2. 文字列がセルに収まり切らずに表示されます。

折り返しの解除

折り返しを解除するには、セルを選択し、再度、[折り返して全体を表示する]ボタンをクリックします。

セル内での改行

セル内に入力した文字列を任意の位置で改行するには、改行したい位置にカーソルを表示し、**Alt**＋**Enter**キーを押します。

3. セルI9を選択し、[ホーム]タブの[折り返して全体を表示する]ボタンをクリックします。
4. セル内で文字列が折り返して表示されます。

	A	B	C	D	E	F	G	H	I	J	K
1	■学園祭の来場者数										
2											
3	分類	開催内容		日程		合計	開催場所	担当	備考		
4			1日目	2日目	3日目						
5		落語					223教室	落研	午前と午後の2回開催、2回分の合計		
6	イ	ライブステージ					ホール	軽音楽部			
7	ベ	講演会					講堂	マスコミ研究会			
8	ン	パネルディスカッション					110教室	雄井クラブ			
9	ト	フリーマーケット					中庭	運営委員会	正確な人数は測定不能のため、おおよその人数を集計		
10											
11											

活用

データの配置の詳細を設定するには、セルを選択してから[ホーム]タブの[配置]グループ右下の⤢[配置の設定]ボタンをクリックして、[セルの書式設定]ダイアログボックスの[配置]タブを表示します。
たとえば[縮小して全体を表示する]チェックボックスをオンにすれば、セルの幅に合わせてデータのフォントサイズを縮小し、データ全体をセル内に表示できます。[方向]では、文字列の方向の角度を数値で指定したり、右側のプレビュー内で文字位置をドラッグして指定することもできます。

表を見やすくする

表の体裁を整えるとき、「罫線の線種」を変えたり、「斜線」を引いたりすると、わかりやすい表にすることができます。同じ要素の行が連続する場合、1行間隔でセルに色を付けるのも効果的です。行の高さはフォントサイズによって自動調整されますが、行間が狭くて見にくいときは、手動で行の高さを広げましょう。

●点線と斜線の設定

「日程」内に数値を入力したあと、表全体に格子状の罫線を設定しましょう。「イベント」の右側の横罫線だけを点線に変更し、空白セルには斜線を引きます。さらにセル内のデータの配置も整えます。

1. 2の画面を参考に、「日程」のセルに数値を入力します。
2. セルF5～F9に「SUM関数」を使用して合計を求めます。

	A	B	C	D	E	F	G
1	■学園祭の来場者数						
2							
3	分類	開催内容		日程		合計	開催場所
4			1日目	2日目	3日目		
5		落語	90	100	120	310	223教室
6	イ	ライブステージ	150	160	180	490	ホール
7	ベ	講演会		250	288	538	講堂
8	ン	パネルディスカッション	65	78	90	233	110教室
9	ト	フリーマーケット		150	190	340	中庭

[罫線]ボタン
[罫線]ボタンの表示は、直前に選択した線種やコマンドに変更されます。

3. セルA3～I9を範囲選択します。
4. [ホーム]タブの[罫線]ボタンの▼をクリックし、一覧から[格子]をクリックします。選択したセル範囲に格子状の罫線が設定されます。
5. セルB5～I9を範囲選択します。

罫線の色
[色]ボックスの▼から色を選択すると、色付きの罫線を設定できます。

罫線の位置の指定
罫線を設定する位置は、プレビュー枠内をクリックして指定します。[プリセット]または[罫線]の各ボタンをクリックして指定することもできます。

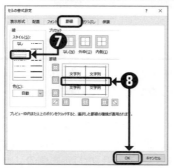

6. [ホーム]タブの[罫線]ボタンの▼をクリックし、一覧から[その他の罫線]をクリックします。[セルの書式設定]ダイアログボックスの[罫線]タブが表示されます。
7. 左の画面を参考に、[スタイル]ボックスで点線（上から3番目）をクリックします。
8. 続けてプレビュー枠内の中央の横罫線をクリックし、[OK]をクリックします。
9. 選択したセル内の横罫線だけ、点線に変更されます。

[セルの書式設定]ダイアログボックスの表示方法
[セルの書式設定]ダイアログボックスは、右の手順11以外にも[ホーム]タブの[フォント]グループ右下の[フォントの設定]ボタンをクリックしても表示できます。目的のタブに切り替えて操作します。

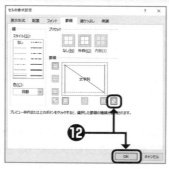

10. セルC7をクリックします。続けて**Ctrl**キーを押しながらセルC9をクリックします。
11. [ホーム]タブの[罫線]ボタンをクリックします。[セルの書式設定]ダイアログボックスの[罫線]タブが表示されます。
12. 左の画面を参考に をクリックし、プレビュー枠内に斜線が表示されたら、[OK]をクリックします。
13. セルC4～E4とセルG5～H9のデータを各セル内で中央に配置します。

活用

1本ずつ罫線を引くには、[ホーム]タブの[罫線]ボタンの▼をクリックして一覧から[罫線の作成]をクリックし、マウスポインターの形が に変わったら枠線上をドラッグします。線種を変更するときは、一覧に表示されている[線のスタイル]から目的の線種を選択します。一覧で[罫線の削除]を選択するとマウスポインターの形が に変わり、1本ずつ罫線を削除することもできます。これらの操作を終了するときは、**Esc**キーを押します。

●セルの背景色の設定

ここでは、列見出しと「イベント」のセル、開催内容が「ライブステージ」と「パネルディスカッション」のセルにそれぞれ背景色を設定しましょう。

1. 項目のセルA3 ～ I3（「分類」～「備考」）を範囲選択します。

2. [ホーム]タブの ◇▼ [塗りつぶしの色]ボタンの▼をクリックし、一覧から[テーマの色]の[青、アクセント5、白＋基本色40%]（上から4番目、右から2番目）をクリックします。

3. 「イベント」のセルをクリックし、**Ctrl**キーを押しながらセルB6 ～ I6、セルB8 ～ I8を範囲選択します。

4. [ホーム]タブの ◇▼ [塗りつぶしの色]ボタンの▼をクリックし、一覧から[テーマの色]の[青、アクセント5、白＋基本色80%]（上から2番目、右から2番目）をクリックします。

1行間隔のセルの背景色

データベース形式のルールに基づいて作成された表の場合、テーブル機能を使うと簡単に1行間隔のセルの背景色を設定できます。

活用

[ホーム]タブの 🖌 [書式のコピー/貼り付け]ボタンを使うと、書式だけをコピーできます。書式を設定しているセルを選択して 🖌 [書式のコピー/貼り付け]ボタンをクリックし、マウスポインターの形が ➕🖌 に変わったら、書式のコピー先のセルまたはセル範囲をドラッグします。[書式のコピー/貼り付け]ボタンをダブルクリックすると、続けて複数のセルに書式をコピーできます。複数のセル範囲に同様の書式を使いたい場合には活用しましょう。終了するには、**Esc**キーを押します。

数値による行の高さの指定

行の高さを数値で直接指定して変更することもできます。目的の行の行番号をクリックしてショートカットメニューの[行の高さ]をクリックし、[行の高さ]ダイアログボックスで数値を入力します。

●行の高さの変更

データと罫線の間に適度な余白があると表が見やすくなります。ここでは、行番号5 ～ 9の行を「33.00」の高さに変更しましょう。

1. 行番号5 ～ 9を範囲選択します。

2. 選択範囲内の行番号のいずれかの境界線をポイントし、マウスポインターの形が ✛ に変わったら下方向に「33.00」と表示されるまでドラッグします。

行の高さの自動調整

手動で行の高さを変更した後、行内の文字に合わせて行の高さを自動調整したいときは、行番号の下の境界線をダブルクリックします。

3. 選択したすべての行の高さが33.00になります。

165

ページレイアウトを設定する

印刷を行うときは、印刷の向きや余白の大きさなどの「ページレイアウト」を設定します。用紙の中央に、自動的に表が印刷されるようにすることもできます。また「印刷プレビュー」を表示すると、印刷結果のイメージを確認できます。表が2ページに分かれたり、文字が切れてしまうこともあるので、必ず事前に印刷プレビューを確認するようにしましょう。

用紙サイズの設定
用紙サイズを変更するには、[サイズ]ボタンをクリックし、一覧から目的のサイズを選択します。

●印刷の向きの設定
ここでは、印刷の向きを横に変更しましょう。

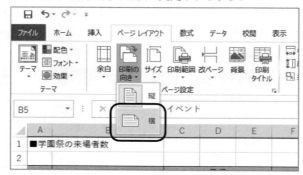

1. [ページレイアウト]タブの[印刷の向き]ボタンをクリックし、[横]をクリックします。

余白の設定
余白は上下左右にそれぞれ数値で指定することができますが、プリンターによって数値を制限するメッセージが表示される場合があります。

●余白とページ中央の設定
ここでは印刷プレビューを確認したあと、用紙上部の余白を「2.5」、左右の余白を「1.5」に変更し、表が用紙の左右中央に印刷されるように設定しましょう。

1. [ファイル]タブの[印刷]をクリックします。印刷プレビューが表示され、用紙の向きや印刷結果を確認できます。
2. [ページ設定]をクリックし、[ページ設定]ダイアログボックスの[余白]タブをクリックします。

余白の確認
印刷プレビューの右下の[余白の表示]ボタンをクリックすると、印刷領域と余白を区切る線を表示できます。

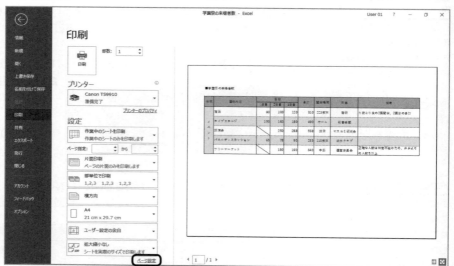

[ページ中央]の設定

用紙の上下中央に印刷するときは、[垂直]チェックボックスをオンにします。[水平]と[垂直]の両方をオンにすることもできます。

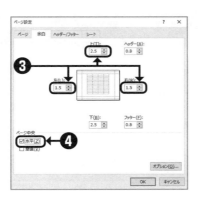

3. [上]ボックスに「2.5」、[左]と[右]のボックスにそれぞれ「1.5」と入力します。
4. [ページ中央]の[水平]チェックボックスをオンにします。
5. [OK]をクリックすると、[ページ設定]ダイアログボックスの設定が印刷プレビューに反映されます。
6. 印刷を実行するには、印刷部数やプリンターの設定を確認して[印刷]をクリックします。

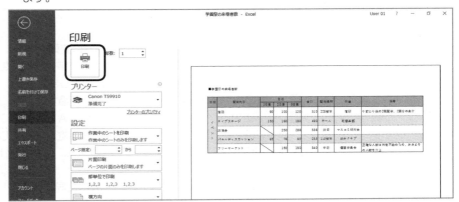

7. をクリックして、シート画面に戻ります。
8. クイックアクセスツールバーの[上書き保存]ボタンをクリックして、ブックを上書き保存します。

活用

[印刷の向き]ボタンや[サイズ]ボタンなどと、[ページ設定]ダイアログボックスの設定は連動しています。たとえば印刷の向きは、[ページ設定]ダイアログボックスの[ページ]タブの[印刷の向き]で設定してもかまいません。印刷の詳細や複数の項目をまとめて設定するときは、[ページ設定]ダイアログボックスを使いましょう。
なお、印刷プレビューを表示せずに[ページ設定]ダイアログボックスを表示するには、[ページレイアウト]タブの[ページ設定]グループ右下の[ページ設定]ボタンをクリックします。

練習問題

問題 10-1

1. ブック「学園祭の来場者数変更」を開きましょう。
2. 「担当」の列を削除し、行番号3〜4の行を行番号12〜13にコピーしましょう。
3. 次の入力内容を参考に、「分類」〜「開催場所」のセルにデータを入力し、「合計」のセルはSUM関数で計算しましょう。

入力内容

	A	B	C	D	E	F	G	H
12	分類	開催内容	日程			合計	開催場所	備考
13			1日目	2日目	3日目			
14	飲食	カフェ	70	130	155	355	303教室	
15		販売（ホットドッグ・焼きそば）		230	250	480	食堂	
16		販売（飲み物）	160	150	180	490		
17		茶店	85	80	120	285	109教室	

4. B列の列幅を「21.00」に変更し、セルB15の文字列をセル内で折り返して表示しましょう。
5. 行番号14〜17の行の高さを「33.00」に変更しましょう。
6. セルG15〜G16を結合し、その中央に文字列「食堂」を配置しましょう。
7. セルG14とG17を各セル内で中央に配置しましょう。
8. 「飲食」の文字がセルA14〜A17の中央に配置され、縦書きになるよう設定しましょう。
9. シート上の「イベント」の表を参考に、セルA14〜H17に同じように罫線を設定しましょう。さらに空白のセルC15に、斜線を設定しましょう。
10. 見出しのセルの背景色を「テーマの色」の「緑、アクセント6、白+基本色40％」に設定し、さらに1行間隔でセルの背景色を「テーマの色」の「緑、アクセント6、白+基本色80％」を設定して、「イベントの表」と同じ体裁にしましょう。ただし、「食堂」のセルの背景色はそのままにします。「飲食」のセルも同じ背景色にしましょう。
11. 上の余白を「1.5」、下の余白を「2」に変更し、用紙の上下左右の中央に2つの表が印刷されるようにしましょう。
12. 「B-L10-01」という名前で、[保存用]フォルダーに保存しましょう。

問題 10-2

1. ブック「在庫管理表」を開きましょう。
2. 「商品名」のセルに、「No」のセルと同じ書式を設定しましょう。
3. 文字列「No」に合わせて、A列の列幅を自動調整しましょう。
4. 「週合計」の「入庫」と「出庫」の間に新たに1列挿入し、左から順に「入庫」、「出庫」、「在庫」と文字列を変更しましょう。
5. C列とD列の間の縦線を二重罫線にしましょう。
6. 次の画面を参考に、図形機能の[直線]を使って、「10/20（日）」と「10/21（月）」のセルに斜線を引きましょう。線の色は黒に設定します。

   ※複数のセルをまたぐ斜線を引くには、図形機能の[直線]（[挿入]タブの[図]ボタンの[図形]から選択）を使います。線の色は、[書式]タブの[図形の枠線]ボタンから変更します。

7 「週合計」(セルR5～T14)に、次のように商品別に「入庫」、「出庫」、「在庫」を求めましょう。数式には、数値が入力されていないセルも含めます。
　・セルR5に、「プーアール茶」の「繰越」(セルC5)と10/22～10/26の「入庫」の合計を求める
　・セルS5に、「プーアール茶」の10/22～10/26の「出庫」の合計を求める
　・セルT5に、「プーアール茶」の10/22～10/26の「入庫－出庫」(セルR5－セルS5)を求める
　・セルR5～T5を範囲選択し、書式を変えずに他のセルに数式をコピーする
8 用紙の向きを横にして、用紙の左右中央に表が印刷されるようにしましょう。
9 「B-L10-02」という名前で、[保存用]フォルダーに保存しましょう。

問題 10-3

1 入力内容を参考にセルB1に「学年暦：春学期」と入力し、フォント「HGP明朝B」とフォントサイズ「16」を設定しましょう。
2 入力内容を参考にセルB3～G7にデータを入力し、セルの中央に配置しましょう。続けて格子状の罫線を設定し、列番号B～Gの列幅をすべて「15.00」に変更しましょう。
　※セル内のデータの中央揃えは、表全体に設定してもかまいません。
3 セルB3～G3の背景色を「テーマの色」の「ゴールド、アクセント4、白＋基本色60％」、セルB4～B7は「ゴールド、アクセント4、白＋基本色80％」に設定しましょう。

入力内容

	A	B	C	D	E	F	G
1		学年歴：春学期					
2							
3			入学式	ガイダンス	健康診断	授業開始	学年末試験
4		渋谷キャンパス	4月4日	4月4日	4月11日	4月13日	7月11日～15日
5		横浜キャンパス	4月4日	4月5日	4月11日	4月13日	7月11日～15日
6		千葉キャンパス	4月5日	4月6日	4月13日	4月7日	7月11日～15日
7		備考					
8							

4 表をセルI3～N7に移動しましょう。
5 表をコピーして、セルB3を基準に行列を入れ替えて貼り付けましょう。
6 5 で貼り付けた表の「千葉キャンパス」を「大学院」に変更しましょう。
7 列番号Fの列幅を「32.00」に変更し、セルF7に下の文章を入力して折り返して全体を表示しましょう。
　「履修登録の最終締切は4月12日まで。Webからも履修登録が可能です」
8 セルB3～F3に下二重罫線を設定しましょう。
9 行番号4～8の行の高さをすべて「33.00」に変更しましょう。
10 I～N列を非表示にしましょう。
11 「B-L10-03」という名前で、[保存用]フォルダーに保存しましょう。

169

Lesson 11 数式・関数を活用した集計表の作成

数値を使った集計表の作成では、合計・平均の算出や端数の四捨五入、%への換算など、いろいろな計算やデータ処理を行います。数式や関数を利用すると、これらの作業を効率よく操作できます。ここでは、集計表を作成するときによく使う数式や便利な関数を学習します。

キーワード

- □□相対参照
- □□絶対参照
- □□エラー値
- □□AVERAGE関数
- □□MAX関数
- □□MIN関数
- □□ROUND関数
- □□ROUNDUP関数
- □□ROUNDDOWN関数
- □□IF関数
- □□IFS関数
- □□関数のテキスト

このレッスンのポイント

▶ 相対参照と絶対参照
▶ 平均を求める
▶ 最大値・最小値を求める
▶ 端数を四捨五入する
▶ 条件で値を判定する
▶ 複数の条件で値を判定する

完成例（ファイル名：売上比較表.xlsx）

	A	B	C	D	E	F	G	H	I	J
1	営業別売上比較表									
2										
3		A機種		B機種						
4	営業所	単価	¥29,800	単価	¥49,800	総売上高	構成比	次年度売上目標	評価1	評価2
5		販売数	売上高	販売数	売上高					
6	渋谷	50	1,490,000	120	5,976,000	7,466,000	17.4%	8,586,000	*	＊＊
7	新宿	51	1,519,800	115	5,727,000	7,246,800	16.8%	8,334,000	*	＊＊
8	八王子	38	1,132,400	78	3,884,400	5,016,800	11.7%	5,769,000	－	－
9	横浜	52	1,549,600	105	5,229,000	6,778,600	15.8%	7,795,000	*	＊＊
10	川崎	48	1,430,400	90	4,482,000	5,912,400	13.7%	6,799,000	－	*
11	千葉	35	1,043,000	98	4,880,400	5,923,400	13.8%	6,812,000	－	*
12	大宮	40	1,192,000	70	3,486,000	4,678,000	10.9%	5,380,000	－	－
13	合計	314	9,357,200	676	33,664,800	43,022,000	100.0%	49,475,000		
14	平均	45	1,336,743	97	4,809,257	6,146,000				
15	最大値	52	1,549,600	120	5,976,000	7,466,000				
16	最小値	35	1,043,000	70	3,486,000	4,678,000				
17										

170

相対参照と絶対参照

セル参照には、「相対参照」や「絶対参照」という種類があります。相対参照では、数式をコピーすると、指定したセル番地がコピー先に合わせて自動的に変更されます。数式をコピーしてもセル番地が変更されないようにするには、「D12」のように列番号と行番号の前に「$」(半角のドル記号)を付けます。このようなセル参照を絶対参照といい、参照するセルを常に固定する必要があるときに使用します。
セル参照を使った数式をコピーすれば、何度も数式を入力する手間を省くことができます。相対参照や絶対参照を使い分け、セル参照を使った数式を上手に活用しましょう。

●相対参照を使った数式

ここでは、「売上高」(販売数×単価)を求めます。単価のセルC4は常に参照する必要がありますが、まずは相対参照のまま数式を作成して、結果を確認しましょう。

数式の入力

右の手順2で直接セルをクリックして数式を入力した場合は、そのまま数式が作成されます。直接セルに文字を入力した場合、入力した文字から始まる関数名が表示される場合があります。数式を入力する場合は、そのまま続けて目的の数式を入力します。

1. 次の画面を参考に、数値や文字を入力します。

2. セルC6に「=B6*C4」と入力し、**Enter**キーを押します。セルC6に計算結果が求められます。

3. セルC6をクリックします。

4. セルC6の右下にあるフィルハンドルをポイントし、マウスポインターの形が+に変わったらセルC12までドラッグします。セルC7～C12に数式がコピーされ、エラー値が表示されます。

エラーインジケーター

エラーと判断されたセルには、セルの左上隅に▼が表示されます。Excelで規定されたルールに基づいているため、数式に誤りがない場合でも表示されることがあります。表示を解除するには、そのセルをクリックし、表示された⚠をクリックして一覧から[エラーを無視する]を選択します。

5. セルC7をクリックして、数式バーを確認します。単価のセル番地がセルC5に変更されているためにエラーが表示されていることを確認します。

171

活用

入力した数式に誤りがある、計算結果が正しく求められないなど、数式にエラーがある場合には、次のような「エラー値」が表示されます。

エラー値	エラー原因
#####	セルの幅よりも長いデータが入力されている、または結果が負の値になる日付または時刻が入力されている
#VALUE!	数式の参照先や関数の引数の種類などが正しくない
#DIV/0!	値が0または空白のセルで割り算している
#N/A	関数や数式に使用できる値がない
#NAME?	関数名が誤っているなど、Excelで認識できない文字列が使用されている
#NULL	セル参照の書式が誤っている、指定したセル範囲に共通部分がない
#NUM!	数式または関数に無効な数値がある
#REF!	数式で参照しているセルが削除された

●絶対参照を使った数式

数式を修正して、売上高を正しく求めてみましょう。単価は常にセルC4を参照する必要があります。参照するセルを固定するには絶対参照を指定します。絶対参照は、セル番地の列番号と行番号の前に「$」を付けて「$C$4」のように指定します。「$」が付いているセル番地は、数式をコピーしても変更されません。「$」を入力するには、次の2通りの方法があります。

・キーボードから「$」を直接入力する
・数式の入力中、セル番地にカーソルを合わせて**F4**キーを押す
　F4キーを押す方法の場合、押すごとに「$」の入力位置が次のように切り替わる

C4	絶対参照
C$4	列は相対参照、行は絶対参照
$C4	列は絶対参照、行は相対参照
C4	相対参照

複合参照

「C$4」や「$C4」のように、絶対参照と相対参照を組み合わせてセルを参照する方法を「複合参照」といいます。列番号または行番号だけを固定することができます。

1. セルC6 ～ C12を範囲選択し、**Delete**キーを押します。セルC6 ～ C12のデータが消去されます。

2. セルC6に「= B6*C4」と入力します。

3.「C4」にカーソルがある状態で**F4**キーを押します。「=B6*C4」と表示されます。

	A	B	C	D	E
1	営業別売上比較表				
2					
3		A機種		B機種	
4	営業所	単価	29800	単価	4980
5		販売数	売上高	販売数	売上高
6	渋谷	50	=B6*C4	120	
7	新宿	51		115	
8	八王子	38		78	

▶

	A	B	C	D	E
1	営業別売上比較表				
2					
3		A機種		B機種	
4	営業所	単価	29800	単価	4980
5		販売数	売上高	販売数	売上高
6	渋谷	50	=B6*C4		
7	新宿	51		115	
8	八王子	38		78	

絶対参照への変更

数式入力後に絶対参照に変更するには、まず数式を編集可能な状態にします。次に「$」を直接入力するか、目的のセル番地にカーソルがある状態で**F4**キーを押します。

4. Enterキーを押します。セルC6に計算結果が求められます。

5. セルC6をクリックします。

6. セルC6の右下にあるフィルハンドルをポイントし、マウスポインターの形が＋に変わったらセルC12までドラッグします。セルC7 ～ C12に数式がコピーされ、計算結果が求められます。

172

同じ列内での数式のコピー

ここで求めた「売上高」は、「=B6*C$4」という数式でも算出できます。同じ列内で数式をコピーした場合、変更されるのは行番号だけで列番号は変わりません。そのため、列番号は固定してもしなくても、同じ結果になります。

7. セルC9をクリックして数式を確認してみます。セル「B6」は「B9」に自動調整されていますが、セルC4は「C4」のまま変わっていません。

8. セルE6に「=D6*E4」と入力し、**Enter**キーを押します。セルE6に計算結果が求められます。
9. セルE6をクリックして右下にあるフィルハンドルをポイントし、マウスポインターの形が+に変わったらセルE12までドラッグします。セルE7～E12に数式がコピーされ、計算結果が求められます。

●合計、総売上高を求める

ここではSUM関数を使って「販売数」と「売上高」の合計をまとめて、さらに総売上高を求めましょう。

1. セルB6～E13を範囲選択し、[ホーム]タブの[Σ･][合計]ボタンをクリックします。「販売数」（セルB13、D13）と「売上高」（セルC13、E13）の各セルに合計が求められます。
2. セルF6をクリックし、[ホーム]タブの[Σ･][合計]ボタンをクリックします。SUM関数の引数を「C6,E6」に修正して、**Enter**キーを押します。セルF6に、「売上高」の合計が求められます。

引数の指定

複数のセルを引数に指定するときは、「=SUM(C6,E6)」のように「,」で区切ります。2つ目以降のセルを**Ctrl**キーを押しながら選択すると、自動的に「,」が挿入されます。

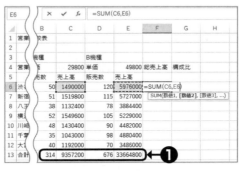 

3. セルF6をクリックします。
4. セルF6の右下にあるフィルハンドルをポイントし、マウスポインターの形が+に変わったらセルF13までドラッグします。セルF7～F13に数式がコピーされ、計算結果が求められます。

●構成比を求める

絶対参照を使って構成比を求め、パーセントスタイル（%）を設定して小数点以下第1位まで表示しましょう。最後にブックを保存します。

1. セルG6に「=F6/F13」と入力し、**Enter**キーを押します。セルG6に計算結果が求められます。
2. セルG6をクリックします。

パーセンテージの表示形式

[%][パーセントスタイル]ボタンを使うと、パーセンテージの表示形式を適用できます。元の表示形式に戻すには、[ホーム]タブの[標準][数値の書式]ボックスの▼をクリックし、一覧から[標準]を選択します。

173

3. セルG6の右下にあるフィルハンドルをポイントし、マウスポインターの形が＋に変わったらセルG13までドラッグします。セルG7～G13に数式がコピーされ、計算結果が求められます。
4. 「構成比」の表示形式をパーセントスタイルに変更します。セルG6～G13を範囲選択し、［ホーム］タブの ％ ［パーセントスタイル］ボタンをクリックします。「構成比」の数値が「％」で表示されます。
5. ［ホーム］タブの ［小数点以下の表示桁数を増やす］ボタンをクリックします。「構成比」の数値が小数点以下第1位まで表示されます。

小数点以下の表示桁数
小数点以下の表示桁数を増やすときは ［小数点以下の表示桁数を増やす］ボタン、減らすときは ［小数点以下の表示桁数を減らす］ボタンを使います。クリックするごとに、表示される桁数が増えたり、減ったりします。

6. 作成したブックを「売上比較表」という名前で、［保存用］フォルダーに保存します。

活用

数値を入力しているセル範囲を選択すると、Excelのステータスバーの右側に、選択した範囲の平均やデータの個数、合計の値が一時的に表示されます。数式を入力せずに、数値を確認できる便利な機能です。ステータスバー上を右クリックして表示された一覧から、数値の個数、最大値、最小値を選択すれば、それらの値を確認することもできます。

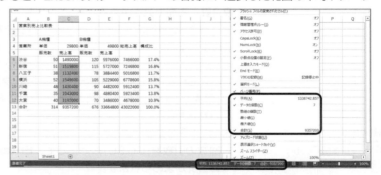

平均を求める

平均は、数式を入力して求めることもできますが、「AVERAGE関数」を使うと効率よく算出できます。引数（数値1…）には、平均を求める数値やセル、セル範囲を指定します。

| AVERAGE関数の書式 | =AVERAGE(数値1 [,数値2…]) |

ここでは、AVERAGE関数を使って「販売数」、「売上高」、「総売上高」の平均を求めましょう。

1. セルA14に「平均」と入力し、セルB14をクリックします。
2. ［ホーム］タブの Σ ［合計］ボタンの▼をクリックし、一覧から［平均］をクリックします。AVERAGE関数の数式が表示され、計算対象のセル範囲に点滅する点線が表示されます。
3. セルB6～B12を範囲選択して、計算対象のセル範囲を修正します。
4. AVERAGE関数の数式が正しいことを確認して**Enter**キーを押します。平均の値が求められます。

引数の指定

複数の対象を引数に指定するときは、「AVERAGE (C3:C5,E3:E5)」のように「,」で区切ります。「AVERAGE (C3:C5, 60)」のように、数値を指定することもできます。SUM関数も同様です。

 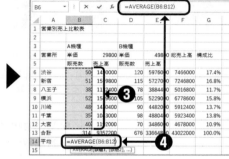

絶対参照や複合参照の指定

関数の引数のセルやセル範囲にも、絶対参照や複合参照を指定できます。

5. セルB14をクリックします。

6. セルB14の右下にあるフィルハンドルをポイントし、マウスポインターの形が+に変わったらセルF14までドラッグします。セルC14～F14に数式がコピーされ、計算結果が求められます。

活用

関数の入力方法は何通りもあるので、自分の使いやすい方法を選びましょう。たとえば、関数名や引数を知っているときは、数式を直接入力してもよいでしょう。その際、「=」に続けて英字を入力すると、その文字で始まる関数名の一覧が表示されます。この機能を「数式オートコンプリート」といい、関数を選択して**Tab**キーを押すと、関数名と「(」が入力されます。一覧を無視して、関数名やセル番地などを入力してもかまいません。

活用

関数名がわからないときは、[関数の挿入]ダイアログボックスを使いましょう。数式を入力するセルを選択し、数式バーの[関数の挿入]ボタンをクリックします。表示された[関数の挿入]ダイアログボックスの[関数の検索]ボックスで検索したい操作のキーワードを入力し、[検索開始]をクリックします。検索された[関数名]ボックスの一覧で目的の関数を選択すると、ボックスの下に関数の説明が表示されます。

最大値・最小値を求める

関数を利用すると、最大値や最小値を簡単に求められます。最大値は「MAX関数」、最小値は「MIN関数」を使い、どちらの関数も引数（数値1…）には値を検索するセル範囲を指定します。

ここでは、MAX関数とMIN関数を使って、「販売数」、「売上高」、「総売上高」の最大値および最小値を求めましょう。

その他の関数の入力方法
・数式を直接入力する
・[数式]タブの[関数ライブラリ]グループのボタンを使う

1. セルA15に「最大値」と入力し、セルB15をクリックします。
2. [ホーム]タブの[Σ・][合計]ボタンの▼をクリックし、一覧から[最大値]をクリックします。MAX関数の数式が表示され、最大値を調べるセル範囲に点滅する点線が表示されます。
3. セルB6〜B12を範囲選択して、最大値を調べるセル範囲を修正します。
4. MAX関数の数式が正しいことを確認してEnterキーを押します。最大値が求められます。

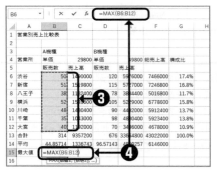 

MAX関数、MIN関数の操作方法
引数の指定方法や数式を入力、編集する操作は、AVERAGE関数と同様です。

5. セルA16に「最小値」と入力し、セルB16をクリックします。
6. [ホーム]タブの[Σ・][合計]ボタンの▼をクリックし、一覧から[最小値]をクリックします。MIN関数の数式が表示され、最小値を調べるセル範囲に点滅する点線が表示されます。
7. セルB6〜B12を範囲選択して、最小値を調べるセル範囲を修正します。
8. MIN関数の数式が正しいことを確認してEnterキーを押します。最小値が求められます。

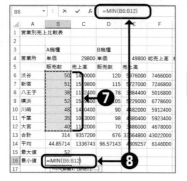

9. セルB15〜B16を範囲選択します。
10. セルB16の右下にあるフィルハンドルをポイントし、マウスポインターの形が＋に変わったらセルF16までドラッグします。セルC15〜F16に数式がコピーされ、最大値および最小値が求められます。

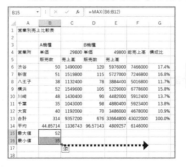 

活用

指定したセル範囲の中で、条件に合った最大値をMAXIFS関数、最小値をMINIFS関数で求めることができます。なお、どちらもExcel 2019で追加された関数です。

MAXIFS関数の書式　　=MAXIFS(*最大値*, *条件範囲1*, *条件1* [, *条件範囲2*, *条件2*], …)
MINIFS関数の書式　　=MINIFS(*最小値*, *条件範囲1*, *条件1* [, *条件範囲2*, *条件2*], …)

たとえば、担当ごとに最も高い販売数は、次のように求めます。

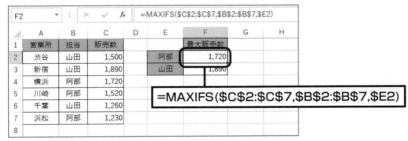

たとえば、担当ごとに最も低い販売数は、次のように求めます。

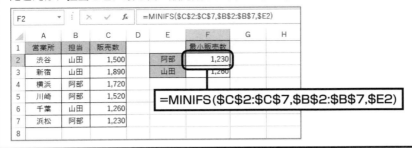

端数を四捨五入する

数値の端数を四捨五入するときは、「ROUND関数」を使いましょう。第1引数(「数値」)には四捨五入したい値、第2引数(「桁数」)には四捨五入する桁数を指定します。

ROUND関数の書式　　=ROUND(数値, 桁数)

●四捨五入する桁数の指定

小数点第1位で四捨五入して1の位まで求めるときは、第2引数に「0」を指定します。この値を基準にして、小数点以下の位を四捨五入するときは1つずつ値を増やし、整数の位を四捨五入するときは1つずつ減らしてマイナスの値で指定します。

ROUND関数の使用例　※セルC5に「1248.163」と入力している場合

数式	結果	意味
=ROUND(C5, 2)	1248.16	小数点第3位を四捨五入する
=ROUND(C5, 1)	1248.2	小数点第2位を四捨五入する
=ROUND(C5, 0)	1248	小数点第1位を四捨五入する
=ROUND(C5, −1)	1250	1の位を四捨五入する
=ROUND(C5, −2)	1200	10の位を四捨五入する

活用

端数を切り上げるときは「ROUNDUP関数」、切り捨てるときは「ROUNDDOWN関数」を使います。引数の指定方法は、ROUND関数と同じです。小数を切り捨てて、整数部分だけを取り出したいときは、INT関数を使うこともできます。

ROUNDUP関数の使用例　※セルC5に「1248.163」と入力している場合

数式	結果	意味
=ROUNDUP(C5, 1)	1248.2	小数点第2位を切り上げる
=ROUNDUP(C5, 0)	1249	小数点第1位を切り上げる
=ROUNDUP(C5, −1)	1250	1の位を切り上げる

ROUNDDOWN関数とINT関数の使用例　※セルC5に「1248.163」と入力している場合

数式	結果	意味
=ROUNDDOWN(C5, 1)	1248.1	小数点第2位を切り捨てる
=ROUNDDOWN(C5, 0)	1248	小数点第1位を切り捨てる
=ROUNDDOWN(C5, −1)	1240	1の位を切り捨てる
=INT(C5)	1248	整数部分だけを取り出す

●計算結果の四捨五入

ここでは「次年度売上目標」という項目を追加し、ROUND関数を使って「総売上高×115%」の結果を百の位で四捨五入してみましょう。

1. セルH4に「次年度売上目標」と入力します。
2. セルH4をクリックし、[ホーム]タブの[折り返して全体を表示する]ボタンをクリックします。セル内で文字列が折り返して表示されます。「次年度」で文字が折り返されるように、**Alt** + **Enter**キーを押して行内で改行します。
3. セルH6をクリックします。

[数式]タブの[関数ライブラリ]

[数式]タブの[関数ライブラリ]グループには関数の分類ごとにボタンが用意されていて、使いたい関数を分類別に探すことができます。

4. [数式]タブの [数学/三角] ボタンをクリックし、一覧をスクロールして [ROUND] をクリックします。

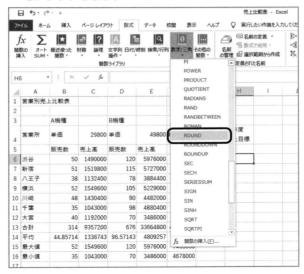

5. ROUND関数の [関数の引数] ダイアログボックスの [数値] ボックスに「F6*115%」、[桁数] ボックスに「-3」と入力します。

6. [数式の結果] に値が表示されていることを確認し、[OK] をクリックします。

引数の指定

[関数の引数] ダイアログボックスで引数を指定する際、**Tab**キーを押して次のボックスにカーソルを移動できます。

参照するセルの指定

「F6」と入力する代わりに、参照するセルをクリックして入力することもできます。

%の利用

「F6*115%」のように、%の値はそのまま数式で利用できます。「F6*1.15」のように、%に換算しない数値で指定しても同じ結果になります。

7. 数式の結果を百の位で四捨五入した値が表示されます。

セルH6の右下にあるフィルハンドルをポイントし、マウスポインターの形が＋に変わったらセルH13までドラッグします。セルH7～H13に数式がコピーされ、計算結果が求められます。

179

条件で値を判定する

条件によって、結果に表示する値を変えたいときは「IF関数」を使いましょう。引数「論理式」に条件を指定し、条件を満たすときは「真の場合」、満たしていないときは「偽の場合」の値を表示します。

> IF関数の書式　　=IF（論理式，値が真の場合，値が偽の場合）

ここでは「評価1」という項目を追加し、IF関数を使って「A機種の販売数」が50以上のときは全角の「＊」、50未満のときは全角の「－」を表示してみましょう。

1. セルI4に「評価1」と入力します。
2. セルI6をクリックし、[数式]タブの [論理]ボタンをクリックして一覧から[IF]をクリックします。

3. IF関数の[関数の引数]ダイアログボックスの[論理式]ボックスに「B6>=50」、[値が真の場合]ボックスに「＊」、[値が偽の場合]ボックスに「－」と入力します。
4. [数式の結果]に結果の値が表示されていることを確認し、[OK]をクリックします。

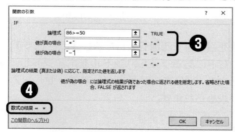

5. 条件を満たしているので「＊」が表示されます。
   セルI6の右下にあるフィルハンドルをポイントし、マウスポインターの形が＋に変わったらセルI12までドラッグします。「A機種の販売数」が50以上の場合は「＊」、50未満の場合は「－」が表示されます。

比較演算子

値を比較する条件を指定するときは、次の比較演算子を使います。
= 等しい
＞ ～より大きい
＜ ～より小さい
＞＝ ～以上
＜＝ ～以下
＜＞ 等しくない

文字列や空白の指定

引数に文字列を指定するときは、文字列の前後を半角の「"」で囲みます。「""」（「"」を2つ）を入力すると、空白を指定できます。手順3では、「＊」などの文字だけを入力して次のボックスに移動すれば、自動的に入力した文字が「"」で囲まれます。

論理式の判定

Excelでは、引数「論理式」の真偽の判定が「TRUE」（真）と「FALSE」（偽）という値で処理されます。

複数の条件で値を判定する

複数の条件によって、表示する値を変えたいときは、「IFS関数」を使います。IFS関数は、Excel 2019で追加された関数です。

●IFS関数の入力

引数「論理式1」に条件を指定し、満たしているときは「値が真の場合1」の値を表示します。続けて複数の論理式、それを満たした場合の値を順番に指定できます。

> IFS関数の書式　　=IFS（論理式1, 値が真の場合1 [, 論理式2, 値が真の場合2…],）

ここではIFS関数を使って、「B機種の販売数」が100以上のときは全角の「＊＊」、80以上100未満のときは全角の「＊」、80未満のときは全角の「－」を表示してみましょう。

1. セルJ4に「評価2」と入力します。
2. セルJ6をクリックし、[数式]タブの [論理]ボタンをクリックして一覧から[IFS]をクリックします。

IF関数の組み合わせ

3つ以上の条件によって値を変えたい場合、これまではIF関数を組み合わせる必要があり、複雑な数式になりがちでした。IFS関数では、論理式と満たした場合の値を順番に指定するだけで簡単に求めることができます。

3. IFS関数の[関数の引数]ダイアログボックスの[論理式1]ボックスに「D6>=100」、[値が真の場合1]ボックスに「"＊＊"」と入力します。

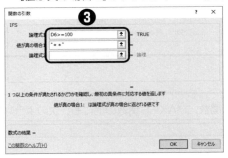

4. 続けて、[論理式2]ボックスに「D6>=80」、[値が真の場合2]ボックスに「"＊"」、[論理式3]ボックスに「D6<80」、[値が真の場合3]ボックスに「"－"」と入力します。
5. [数式の結果]に結果の値が表示されていることを確認し、[OK]をクリックします。

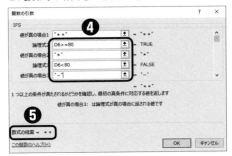

6. セルD6は、100以上の条件を満たしているので「＊＊」が表示されます。セルJ6の右下にあるフィルハンドルをポイントし、マウスポインターの形が＋に変わったらセルJ12までドラッグします。「B機種の販売数」が100以上の場合は「＊＊」、80以上100未満の場合は「＊」、80未満の場合は「－」が表示されます。

活用

関数の指定では、複数の関数を組み合わせることができます。これを「関数のネスト」（入れ子）といいます。たとえば平均値を求めて1の位で切り捨てるには、ROUNDDOWN関数の引数にAVERAGE関数を指定します。

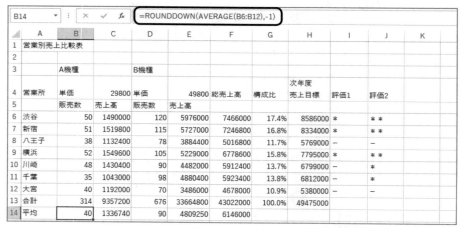

活用

Excel 2019では、IFS関数、MINIFS関数、MAXIFS関数の他にも、次のような関数が追加されています。

関数	数式／意味
CONCAT	=CONCAT(テキスト1, …) 指定したデータを結合する
SWITCH	=SWITCH(式, 値1, 結果1, 値2, 結果2, …) 値から式で指定した値に合致するものを検索し、一致した最初の値の結果を返す
TEXTJOIN	=TEXTJOIN(区切り文字, 空のセルは無視, テキスト1, …) 文字列（テキスト1）の間に、区切り文字を追加して結合する

活用

IF関数で3つ以上の判定をする場合は、IF関数にもう1つのIF関数をネストして利用します。
前ページのIFS関数と同じ結果をIF関数で求めるには、次の式を入力します。

=IF(D6>=,100,"＊＊",IF(D6>=80,"＊","－"))

実際に、IF関数をネストするには、次のように操作します。

1. セルJ6をクリックし、[数式]タブの [論理]ボタンをクリックして一覧から[IF]をクリックします。
2. IF関数の[関数の引数]ダイアログボックスの[論理式]ボックスに「D6>=100」、[値が真の場合]ボックスに「"＊＊"」と入力します。
3. [値が偽の場合]ボックスにネストするIF関数を指定するため、まずボックス内をクリックしてカーソルを表示しておきます。
4. 「IF」と表示されている[関数]ボックスをクリックします。

5. ネストするIF関数の[関数の引数]ダイアログボックスに切り替わります。[論理式]ボックスに「D6>=80」、[値が真の場合]ボックスに「"＊"」、[値が偽の場合]ボックスに「"－"」と入力します。
6. 最初のIF関数に戻ったら、数式バー内の先頭の「IF」をクリックします。

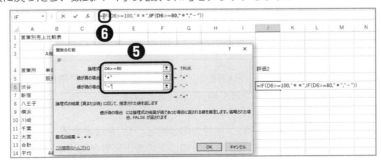

7. [関数の引数]ダイアログボックスが元のIF関数の内容に切り替わり、[値が偽の場合]ボックスで手順5で設定したIF関数が表示されます。
8. [数式の結果]に結果の値が表示されていることを確認し、[OK]をクリックします。

F4キーを使う

同じ操作を繰り返すには、操作をしたあと、次のセルで**F4**キーを押します。

通貨の表示形式の仕様

通貨の表示形式を設定すると、自動的に小数点以下が四捨五入して表示されます。セルには元の値が保持されているので、[ホーム]タブの[小数点以下の表示桁数を増やす]ボタンを使って小数点以下の数値を表示することもできます。

セル内の表示

列幅が数値の桁数よりも狭い場合、「###」と表示されます。その場合は、その列を自動調整して数値がすべて表示されるようにしましょう。

●表の完成

表の体裁を整えて、ブックを上書き保存しましょう。

1. 次の完成図を参考に、書式を設定します。

	A	B	C	D	E	F	G	H	I	J	K
1	営業別売上比較表										
2											
3		A機種		B機種							
4	営業所	単価	¥29,800	単価	¥49,800	総売上高	構成比	次年度 売上目標	評価1	評価2	
5		販売数	売上高	販売数	売上高						
6	渋谷	50	1,490,000	120	5,976,000	7,466,000	17.4%	8,586,000	＊	＊＊	
7	新宿	51	1,519,800	115	5,727,000	7,246,800	16.8%	8,334,000	＊	＊＊	
8	八王子	38	1,132,400	78	3,884,400	5,016,800	11.7%	5,769,000	－	－	
9	横浜	52	1,549,600	105	5,229,000	6,778,600	15.8%	7,795,000	＊	＊＊	
10	川崎	48	1,430,400	90	4,482,000	5,912,400	13.7%	6,799,000	－	＊	
11	千葉	35	1,043,000	98	4,880,400	5,923,400	13.8%	6,812,000	－	＊	
12	大宮	40	1,192,000	70	3,486,000	4,678,000	10.9%	5,380,000	－	－	
13	合計	314	9,357,200	676	33,664,800	43,022,000	100.0%	49,475,000			
14	平均	45	1,336,743	97	4,809,257	6,146,000					
15	最大値	52	1,549,600	120	5,976,000	7,466,000					
16	最小値	35	1,043,000	70	3,486,000	4,678,000					
17											

- 次のセル範囲に、セルを結合して中央揃えを設定する
  - セルB3～C3　　　セルD3～E3　　　セルA4～A5
  - セルF4～F5　　　セルG4～G5　　　セルH4～H5
  - セルI4～I5　　　セルJ4～J5
- 「単価」、「販売数」、「売上高」、「合計」、「平均」、「最大値」、「最小値」の項目名、各営業所名（渋谷～大宮）および、評価1、評価2のデータをセル内で中央に配置する
- データを入力したセル範囲すべてに格子状の罫線を設定する
- 次のセル範囲に、それぞれ太い外枠を設定する
  - セルB3～C16　　　セルD3～E16　　　セルF4～F16
  - セルG4～G13　　　セルH4～H13　　　セルI4～J12
- 次のセルの背景色に「テーマの色」の「青、アクセント5、白＋基本色60％」を設定する
  - 「A機種」、「B機種」、「営業所」～「評価2」の項目名
  - 「合計」～「最小値」の項目名と数値データ
  - セルG13～H13
- セルC4とE4に「¥付きの3桁区切り」を設定する
- [ホーム]タブの[小数点以下の表示桁数を減らす]ボタンを使ってセルB14とセルD14の小数点以下を四捨五入する
- 「単価」と「構成比」以外の数値データに「3桁区切り」を設定する

2. クイックアクセスツールバーの[上書き保存]ボタンをクリックして、ブックを上書き保存します。

184

練習問題

問題 11-1

1 入力内容を参考にデータを入力し、データの配置を整えましょう。
- セルA4、B4、A6、A9〜D9、A18〜A19、A21は、文字をセルの中央に配置する
- セルD1の年月は、作成時の実際の年月を入力してもよい
- A列の列幅を自動調整する

入力内容

	A	B	C	D	E	F	G	H
1	■小遣い管理表			20XX年〇月分				
2								
3	＜収入＞							
4	項目	金額						
5	アルバイト	68000						
6	収入の計							
7								
8	＜支出＞							
9	項目	金額	構成比	来月予算				
10	飲食費	25000						
11	携帯電話代	6500						
12	交際費	18000						
13	学用品	1200						
14	書籍代	3000						
15	被服費	10000						
16	雑費	3000						
17	貯金（収入の15%）							
18	支出の計							
19	平均金額							
20								
21	差し引き残高							
22								

2 SUM関数を使って、「収入の計」と「支出の計」に合計を求めましょう。

3 セルB17の「貯金（収入の15%）」は、「収入の計×15%」の数式を入力して求めましょう。

4 AVERAGE関数を使って、セルB19に支出の「金額」の平均を求めましょう。

5 セルB21の「差し引き残高」は、「収入の計−支出の計」の数式を入力して求めましょう。

6 セルC10〜C18に「構成比」を求めましょう。支出の計は絶対参照を使用して数式を入力し、パーセントスタイルを設定して小数点第1位まで表示します。

7 セルD10〜D18の「来月予算」は、「金額×95%」の数式を入力して求めましょう。ROUND関数を使って、計算結果の十の位を四捨五入します。

8 IF関数を使って、セルC21に「支出の計」が「収入の計」より大きい場合は「使いすぎ！」と表示する数式を入力しましょう。「支出の計」が「収入の計」を上回っていない場合は空白のままにします。

9 6行目に行を挿入して、セルA6に「臨時収入」、セルB6に「10000」と入力しましょう。合計のセル範囲が変更になるため、セルB7のSUM関数の引数を修正します。

10 次の書式を設定して、表の体裁を整えましょう。
- ＜収入＞と＜支出＞以外のデータを入力したセル範囲に格子状の罫線を設定する
- 次のセルの背景色に「テーマの色」の「オレンジ、アクセント2、白＋基本色80%」を設定する
    「項目」、「金額」、「収入の計」、「項目」〜「来月予算」の項目名、「支出の計」、「平均金額」、「差し引き残高」
- 「構成比」以外の数値データに「3桁区切り」を設定する
- 「収入の計」、「支出の計」、「差し引き残高」に「￥付きの3桁区切り」、フォントサイズ「14」を設定する
- セルC22のフォントの色を「標準の色」の「赤」を設定し、C列の列幅を自動調整する

11 「B-L11-01」という名前で、[保存用]フォルダーに保存しましょう。

185

問題 11-2

1 入力内容を参考にデータを入力し、データの配置を整えましょう。
- 「商品」、「販売数量（個）」、「構成比」～「売上目標」の見出しは、結合したセルの中央に配置する
- 「本店」～「合計」のセルは、文字をセルの中央に配置する
- A列の列幅を「11.00」、B～F列の列幅を「7.00」に変更する

入力内容

	A	B	C	D	E	F	G	H	I	J	K	L
1	販売数量一覧											
2												
3	商品	販売数量（個）				構成比	主力商品	先月	対先月比	増減	売上目標	
4		本店	駅前店	南町店	合計							
5	プレーン	780	1004	615				2648				
6	イチゴ	826	1231	786				2357				
7	バナナ	614	683	592				1820				
8	フルーツ	1005	1257	1128				3854				
9	ショコラ	931	854	773				2208				
10	小豆	457	580	466				1486				
11	抹茶	386	512	330				1127				
12	アーモンド	542	776	691				2015				
13												
14												

2 SUM関数を使って、「合計」を求めましょう。

3 各商品の全店の合計販売数量（**2**で求めた「合計」）が全商品の全店の合計販売数量に占める割合を、「構成比」に求めましょう。分母の値はSUM関数を使って指定し、パーセントスタイルを設定して小数点第1位まで表示します。

4 IF関数を使って、「主力商品」に「合計」が2500以上の場合は「◎」と表示する数式を入力しましょう。2500未満の場合は空白のままにします。

5 「対先月比」は、「合計÷先月」の数式を入力して求めましょう。パーセントスタイルを設定し、小数点第2位まで表示します。

6 IFS関数を使って、「増減」を求めましょう。「対先月比」が103%以上のときは「増加」、97%以上103%未満のときは「横ばい」、97%未満のときは「減少」と表示します。

7 「売上目標」では、「合計」と「先月」の平均を求めましょう。ROUNDDOWN関数を使って、平均値の一の位以下を切り捨てます。

8 表に格子状の罫線を設定したあと、商品間の横線を[スタイル]ボックスの点線（上から2番目、左端）に変更しましょう。

9 「主力商品」と「先月」の間の縦線を二重線に変更しましょう。

10 項目名のセルに次の書式を設定しましょう。
- 背景色に「標準の色」の「緑」を設定する
- フォントの色に「テーマの色」の「白、背景1」、「太字」を設定する

11 次の書式を設定して、表の体裁を整えましょう。
- 「主力商品」と「増減」の値をセルの中央に配置する
- 「販売数量（個）」、「先月」、「売上目標」の数値データに「3桁区切り」を設定する

12 「B-L11-02」という名前で、[保存用]フォルダーに保存しましょう。

Lesson 12　グラフの基本

Excelでは、セルに入力したデータを基に、いろいろな種類のグラフを簡単に作成できます。数値をグラフにして視覚化することで、データの推移や比較が把握しやすくなります。タイトルや軸の表示単位を追加したり、グラフのスタイルやレイアウトを変更したりなど、グラフの体裁を整える機能も豊富です。ここでは、グラフの作成方法と、見栄えのよいグラフに仕上げる方法を学習します。

キーワード

- □□グラフの作成
- □□グラフ要素
- □□グラフエリア
- □□グラフの移動
- □□グラフのサイズ変更
- □□グラフシート
- □□グラフタイトル
- □□軸ラベル
- □□目盛の設定
- □□グラフ要素の書式

このレッスンのポイント

▶ グラフを作成する

▶ グラフの位置やサイズを変更する

▶ グラフのタイトルを入力する

▶ グラフに軸ラベルを追加する

▶ 目盛の設定を変更する

▶ グラフ要素の書式を変更する

完成例（ファイル名：スポーツ大会参加人数.xlsx）

	A	B	C	D	E	F	G	H	I
1	スポーツ大会参加人数（年間）								
2									
3		2017年	2018年	2019年					
4	陸上競技	6,325	7,560	9,563					
5	球技	5,960	6,032	4,699					
6	水泳	3,690	3,788	4,165					
7	合計	15,975	17,380	18,427					
8									

参加人数の推移

（単位：人）

187

グラフを作成する

グラフを利用すると、データの大小や推移など、データの特徴を視覚的に表すことができます。売上高や販売個数など、関連するデータを分析するときは、数値をグラフ化して、データを直感的に捉えることができるようにしましょう。

●データの入力
ここではグラフの基になるデータを入力し、ブックを保存しましょう。

1. 次の画面を参考に、表を作成します。
- ・セルB3 〜 D3は、文字をセルの中央に配置する
- ・数値に「3桁区切り」を設定する
- ・表の1行目と5行目のセルは、背景色に「テーマの色」の「白、背景1、黒＋基本色15%」を設定する
- ・画面を参考に、セル範囲に格子状の罫線を設定する

	A	B	C	D	E
1	スポーツ大会参加人数（年間）				
2					
3		2017年	2018年	2019年	
4	陸上競技	6,325	7,560	9,563	
5	球技	5,960	6,032	4,699	
6	水泳	3,690	3,788	4,165	
7	合計				

2. 合計はSUM関数を使って求め、「3桁区切り」を設定します。

3. 作成したブックを「スポーツ大会参加人数」という名前で、[保存用]フォルダーに保存します。

●グラフの作成
「グラフの作成」には、[挿入]タブの[グラフ]の各ボタンを使います。グラフの基にするデータが入力されているセルを範囲選択してから、グラフの種類の各ボタンをクリックすると、指定したグラフが作成されます。表のデータと作成したグラフの間にはリンクが設定され、表のデータを変更するとグラフも連動して変わります。

ここでは、年別に各競技の参加人数を比較する縦棒グラフ（集合縦棒）を作成しましょう。

1. セルA3 〜 D6を範囲選択します。

2. [挿入]タブの[縦棒/横棒グラフの挿入]ボタンをクリックし、一覧から[2-D縦棒]の[集合縦棒]をクリックします。

グラフの種類

作成するグラフの種類は、数値をどのように比較、検討したいかによって決定しましょう。

グラフの基にするデータ

グラフの基にするデータを選択するときは、必要なセルだけを含めます。この例では、「合計」の値はグラフに表示しないので選択していません。また、基にするデータが離れた位置にある場合、2番目以降のデータは**Ctrl**キーを押しながら選択します。

188

縦棒グラフの種類
作成できる縦棒グラフは、形態によって2-D縦棒や3-D縦棒などに分類されています。

グラフツール
グラフを作成すると、自動的に[グラフツール]の[デザイン]タブに切り替わります。[グラフツール]には[書式]というタブもあり、これらのタブはグラフを選択しているときにだけ表示されます。

凡例と項目の入れ替え
作成した縦棒グラフで凡例と項目を入れ替えるには、[デザイン]タブの[行/列の切り替え]ボタンをクリックします。

3. グラフが作成されます。

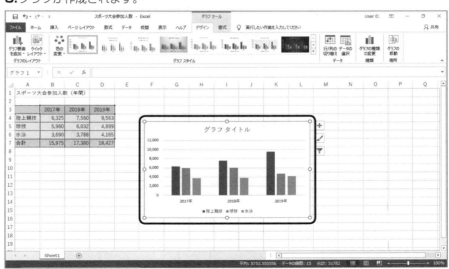

活用

グラフの基になるデータを範囲選択し、[挿入]タブの[おすすめグラフ]ボタンをクリックすると、選択したデータに適したグラフの一覧が[グラフの挿入]ダイアログボックスに表示され、候補の中から選択するだけで簡単にグラフを作成できます。

また、[おすすめグラフ]はグラフのデータ範囲を選択して表示される[クイック分析]ボタンをクリックし、[グラフ]をクリックして表示される一覧からも選択することができます。

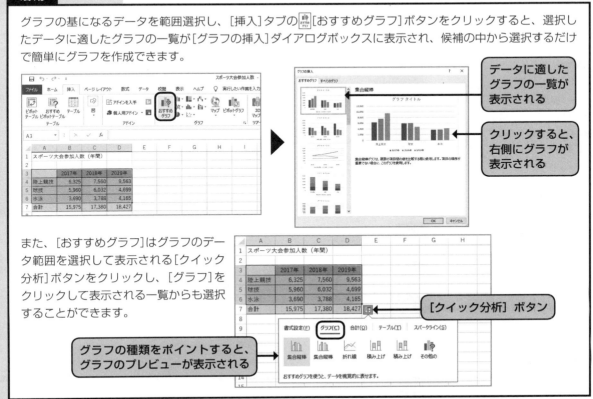

189

グラフの種類とグラフ要素

グラフの種類によって、グラフを構成するグラフ要素は異なります。たとえば、円グラフには、縦軸や横軸、軸ラベルはありません。

グラフエリア

「グラフエリア」は、グラフ全体を示すグラフ要素です。グラフの移動や削除など、グラフ全体を操作するときは、グラフエリアを選択してから、操作を行うようにしましょう。

グラフ要素の選択

複数のグラフ要素が隣接している位置では、クリックしても目的のグラフ要素が選択されないことがあります。このようなときは、[グラフ要素]ボックスから目的のグラフ要素を選択します。

[グラフ要素]ボックス

[グラフ要素]ボックスには、現在選択しているグラフ要素名が表示されます。

グラフ右側のボタン

グラフを作成すると、右側に[グラフ要素]、[グラフスタイル]、[グラフフィルター]の3つのボタンが表示されます。ここからグラフ要素を追加したり、書式を変更することもできます。

●グラフを構成する要素

タイトルや凡例など、グラフを構成する要素を「グラフ要素」といいます。縦棒グラフの場合、次のようなグラフ要素から構成されています。

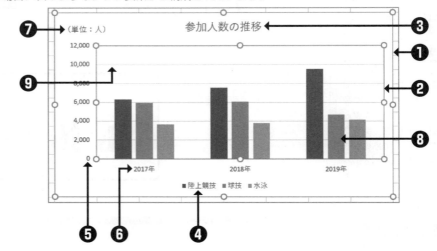

❶グラフエリア　　　❻横(項目)軸
❷プロットエリア　　❼軸ラベル(縦軸)
❸グラフタイトル　　❽データ系列
❹凡例　　　　　　　❾縦(値)軸目盛線
❺縦(値)軸

●グラフの編集

グラフを編集するには、まず目的のグラフ要素を選択します。グラフ要素を選択するには、次の2通りの方法があります。

・目的のグラフ要素の上をポイントし、グラフ要素名が表示されたらクリックする

・[書式]タブの[グラフ要素]ボックスの▼をクリックし、一覧から目的のグラフ要素を選択する

活用

作成したグラフにデータを追加するには、まず追加したいセルを範囲選択し、[ホーム]タブの[コピー]ボタンをクリックします。次にグラフエリアをクリックし、[ホーム]タブの[貼り付け]ボタンをクリックします。また、グラフからデータを削除するには、目的のデータ系列(棒)をクリックし、**Delete**キーを押します。

グラフの位置やサイズを変更する

シート上に作成したグラフは、作成直後はシートの中央に表示されますが、後から自由な位置に移動できます。シート内で「グラフを移動」したり、「グラフのサイズを変更」したりする方法を知っておきましょう。

●グラフの移動

グラフはドラッグして移動できます。ここでは、表の下にグラフを移動してみましょう。

1. [グラフエリア]と表示される位置をポイントします。
2. マウスポインターの形が に変わったら、グラフの左上隅がセルA9に合うようにドラッグします。グラフが移動します。

セルに合わせて配置する
グラフを移動するとき、**Alt**キーを押しながらドラッグすると、セルの隅に合わせて配置できます。

グラフの削除
グラフを削除するには、グラフエリアを選択し、**Delete**キーを押します。

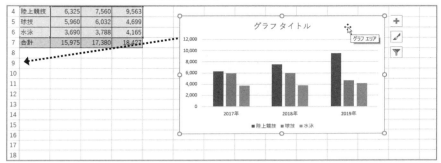

活用

作成したグラフは、別のシートや「グラフシート」に移動できます。グラフシートはグラフだけを配置するグラフ専用のシートで、シートのように文字や数値を入力することができません。
作成したグラフをグラフシートに移動するには、移動したいグラフを選択し、[デザイン]タブの [グラフの移動]ボタンをクリックします。[グラフの移動]ダイアログボックスで[新しいシート]を選択して[OK]をクリックすると、移動したグラフが表示されたグラフシートが挿入されます。

 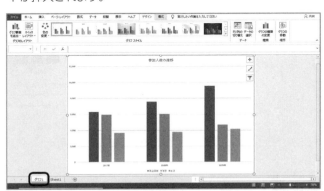

サイズ変更ハンドル

サイズ変更ハンドルとは、グラフ全体やグラフ要素を選択したとき、その四隅や各辺の中央に表示されるマークのことです。操作するサイズ変更ハンドルによって、表示されるマウスポインターの形やドラッグできる方向が異なります。

縦横比を変えずにサイズを変更する

Shiftキーを押しながらサイズ変更ハンドルをドラッグすると、同じ縦横比のまま、サイズを変更できます。また、**Alt**キーを押しながらドラッグすると、セルの隅に合わせてサイズを変更できます。

●グラフのサイズ変更

グラフ全体のサイズを変更するには、サイズ変更ハンドルをドラッグします。
ここでは、セルA9〜G21に収まるようにグラフのサイズを変更してみましょう。

1. グラフエリアを選択していることを確認します。
2. 右下隅のサイズ変更ハンドルをポイントします。
3. マウスポインターの形が に変わったら、セルG21の右下隅までドラッグします。

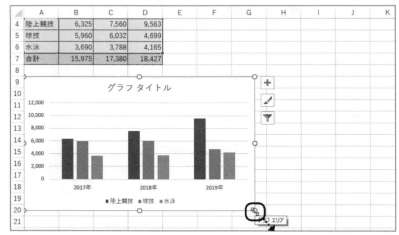

4. グラフのサイズが変更されます。

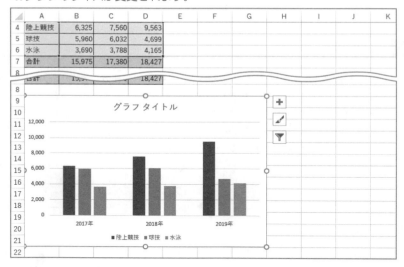

活用

正確な数値を指定して、グラフのサイズを変更することもできます。[書式]タブの[図形の高さ]ボックスや[図形の幅]ボックスに、グラフの高さや幅の値をそれぞれ入力すると、サイズが変更されます。

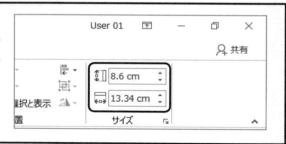

グラフのタイトルを入力する

作成したグラフには、グラフの内容を示したわかりやすい「グラフタイトル」を付けましょう。グラフタイトルの文字にも、フォントやフォントサイズなどの文字の書式を設定できます。

●グラフタイトルの変更
ここでは、グラフ上部のグラフタイトルを「参加人数の推移」に変更しましょう。

1. グラフ上部の「グラフタイトル」と表示されている部分をクリックし、「参加人数の推移」と入力して書き換えます。

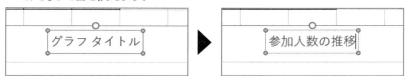

2. 書き換え後、グラフ内の任意の場所をクリックすると、グラフタイトルが確定されます。グラフの編集を終了する場合は、シート内の任意のセルをクリックしてもかまいません。

●文字の書式設定
グラフ内の文字にも、セル内に入力したデータと同様、文字の書式を設定できます。
ここでは、グラフタイトルの文字を16ポイントにしてみましょう。

1. グラフタイトルをクリックします。グラフタイトルが実線の枠線で囲まれて選択されます。

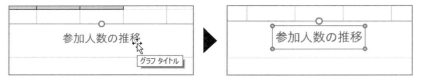

2. [ホーム]タブの[11 ▼][フォントサイズ]ボックスの▼をクリックし、一覧から[16]をクリックします。グラフタイトルのフォントサイズが変更されます。

レイアウトの自動調整
グラフタイトルや軸ラベル、凡例などのグラフ要素を追加、削除すると、自動的にグラフ内のレイアウトが調整されます。

グラフタイトル
グラフタイトル全体を操作するときは、実線の枠線で囲まれているかどうかを確認しましょう。枠線が点線の場合は文字の編集ができます。さらに枠線上をクリックすると実線に切り替わり、この状態では、サイズ変更や移動もできます。

グラフ要素の書式設定
項目名や数値、凡例などの要素にも、文字の書式を設定できます。グラフ内の文字に書式を設定するには、目的のグラフ要素を選択し、[ホーム]タブの[フォント]グループの各ボタンを使用します。

活用

手順通りの操作を行った場合、あらかじめグラフタイトルが追加されています。後からグラフタイトルを追加する必要がある場合は、グラフの右横にある[＋][グラフ要素]ボタンをクリックし、グラフタイトルの▶をクリックします。一覧から挿入したいグラフの位置をクリックすると、グラフタイトルが追加できます。また、[デザイン]タブの[グラフ要素を追加]ボタンからも追加できます。

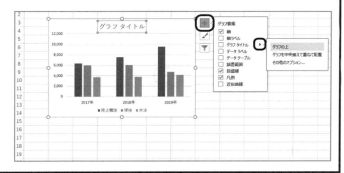

グラフに軸ラベルを追加する

グラフの縦軸と横軸にも、それぞれ軸のタイトル(「軸ラベル」)を表示できます。数値の単位や項目の区分など、必要に応じて軸ラベルを追加しましょう。

●**軸ラベルの追加**
ここでは、縦軸に「(単位:人)」という軸ラベルを付けましょう。

1. グラフ内をクリックします。
2. グラフの右横にある ➕[グラフ要素]ボタンをクリックし、[軸ラベル]の▶をクリックし、[第1縦軸]のチェックボックスをオンにします。
3. 続けて[その他のオプション]をクリックします。

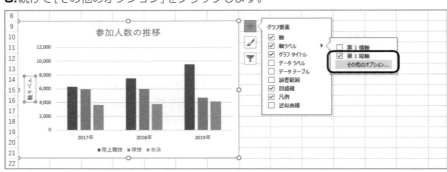

4. [軸ラベルの書式設定]作業ウィンドウが表示されます。[文字のオプション]をクリックし、[テキストボックス]をクリックします。
5. [文字列の方向]ボックスで[横書き]を選択します。✖[閉じる]ボタンをクリックして、作業ウィンドウを閉じます。

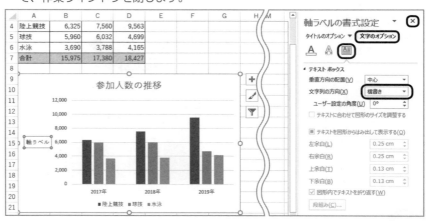

6. 縦軸の左側に「軸ラベル」と表示されたら、「(単位:人)」と入力して書き換えます。

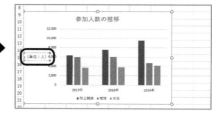

7. 書き換え後、グラフ内の任意の場所をクリックすると、軸ラベルが確定されます。

軸ラベル
軸ラベルは、グラフの内容に合わせたものを追加しましょう。売上グラフの場合は、入力された数値の桁数に合わせて、「単位:千」または「単位:千円」などと追加します。

軸ラベルの削除
軸ラベルを削除するには、軸ラベルを選択してDeleteキーを押します。

軸ラベルの確定
グラフの編集を終了する場合は、シート内の任意のセルをクリックしてもかまいません。

活用

グラフ要素の書式や詳細な設定は、作業ウィンドウを使って操作できます。各項目をクリックして表示を切り替えて、操作を行いましょう。操作が終了したら、[×][閉じる]ボタンをクリックして、作業ウィンドウを閉じます。

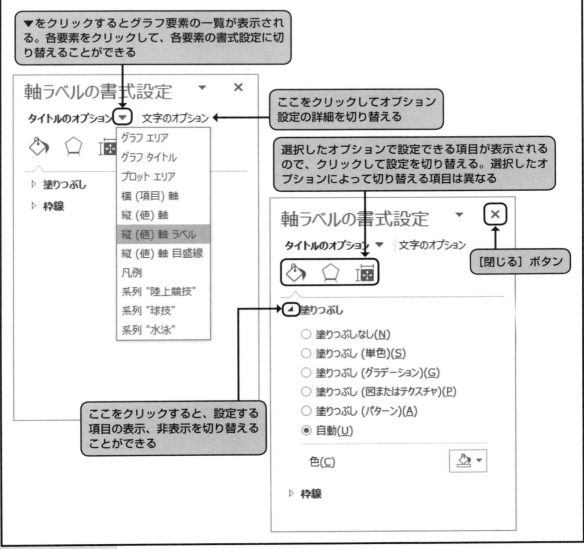

活用

[デザイン]タブの[クイックレイアウト]ボタンを使用すると、グラフタイトルや軸ラベル、グラフの表示方法など、あらかじめ定義されたレイアウトにまとめて変更できます。[クイックレイアウト]ボタンをクリックし、一覧からレイアウトを選択すると、グラフに適用後のイメージが表示され、ポップヒントに適用内容が表示されます。レイアウトの適用後、個別にグラフ要素を編集することもできます。すばやく操作したい場合は、完成イメージに近いレイアウトを選択後、個別に編集すると効率的です。

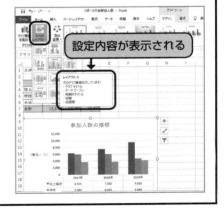

●軸ラベルの移動

軸ラベルはドラッグして、グラフエリア内の範囲で表示位置を自由に変更できます。ここでは、縦軸ラベルを左上隅に配置してみましょう。

グラフタイトルの移動
軸ラベルと同様、グラフタイトルもグラフエリア内でドラッグして移動できます。

1. 縦(値)軸ラベルをクリックします。実線の枠線で囲まれて、軸ラベルが選択されます。

2. 枠線上をポイントし、マウスポインターの形が ✥ に変わったら上方向にドラッグします。軸ラベルが移動します。

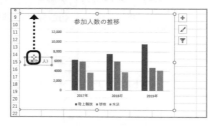 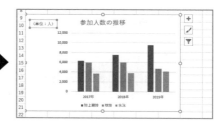

> **活用**
>
> 凡例の表示位置を変更するには、[デザイン]タブの [グラフ要素を追加]ボタンをクリックし、[凡例]をポイントして一覧から目的の表示位置を選択します。軸ラベルと同様、ドラッグして移動することもできますが、グラフ内のレイアウトが自動調整されないので注意しましょう。グラフの右横にある [グラフ要素]ボタンからも凡例の表示位置を変更できます。

●プロットエリアのサイズ変更

プロットエリアを操作すると、グラフの表示部分を拡大・縮小することができます。ここでは、プロットエリアを左に広げて、グラフ全体のレイアウトを整えましょう。

1. プロットエリアをクリックします。プロットエリアが選択されます。

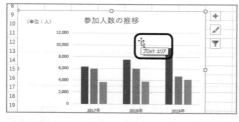

2. 左側の中央のサイズ変更ハンドルをポイントします。

3. マウスポインターの形が ⇔ に変わったら左方向にドラッグします。表示される線を目安にサイズを変更します。サイズが変更されます。

グラフ要素のサイズ変更
グラフ要素のサイズ変更ハンドルは、○の形で表示されます。位置やサイズを手動で変更したグラフ要素は、レイアウトが自動調整されなくなるので注意しましょう。

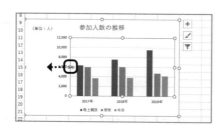 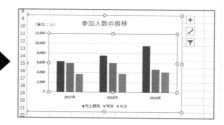

目盛の設定を変更する

「目盛の設定」を変更すると、データ系列の変化を強調できます。数値の差がわかりにくいときは、数値の範囲に合わせて、最大値や最小値、目盛の間隔を変更しましょう。
ここでは、最小値を「3000」、最大値を「10000」、目盛間隔を「500」に設定してみましょう。

1. グラフ内をクリックします。
2. 縦(値)軸を右クリックし、ショートカットメニューの[軸の書式設定]をクリックします。

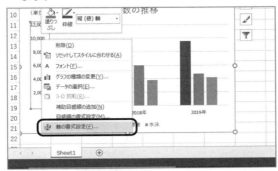

数値の自動調整
設定した最小値などの数値を元の状態に戻すには、それぞれの右端にある[リセット]ボタンをクリックします。

3. [軸の書式設定]作業ウィンドウが表示されます。[軸のオプション]をクリックします。
4. [最小値]の右側のボックスに「3000」と入力します。
5. [最大値]の右側のボックスに「10000」と表示されていることを確認します。
6. [単位]の[主]ボックスに「500」と入力します。[×][閉じる]ボタンをクリックして、作業ウィンドウを閉じます。

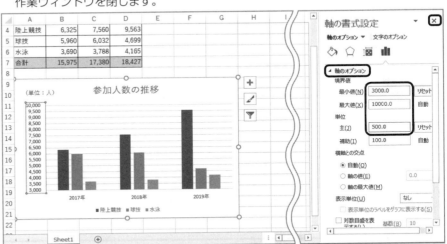

活用

軸に表示されている数値の桁数が多くてわかりにくい場合、軸の表示単位を設定すると、数値を千単位や万単位で表示できます。[軸の書式設定]作業ウィンドウの[軸のオプション]の[表示単位]の右側のボックスの▼をクリックして、一覧から目的の表示単位を選択します。軸の数値が指定した表示単位に変更されて、自動的に表示単位ラベルが表示されます。

グラフ要素の書式を変更する

見やすいグラフにするには、色や線種など、「グラフ要素の書式」の設定も大切です。これらの書式は、[書式]タブの[図形のスタイル]グループの各ボタンで変更します。❶を使うと、色、線などの書式があらかじめ定義されたスタイルを選択するだけで、まとめて設定できます。個別に書式を設定するときは、❷の各ボタンを使います。

[図形のスタイル]の設定方法

❶のスタイルを設定するには、▽[その他]ボタンをクリックし、一覧から目的のスタイルを選択します。

グラフ要素の書式の解除

グラフ要素の書式を最初の状態に戻すには、グラフ要素を選択し、[書式]タブの[リセットしてスタイルに合わせる]ボタンをクリックします。

塗りつぶしの色

グラフの背景色に濃い色を使うと、グラフ自体が見にくくなります。グラフ全体の調和に気を付けて、設定する色を選択しましょう。

3Dグラフの背景色

3Dグラフは、「壁面」というグラフ要素を塗りつぶして、背景色を設定することもできます。

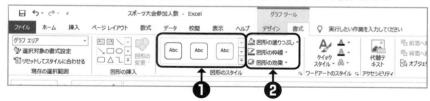

●グラフの背景色の設定

グラフの背景に色を付けるには、グラフエリアやプロットエリアに塗りつぶしを設定します。ここでは、グラフエリアを「テーマの色」の「ゴールド、アクセント4、白+基本色80%」で塗りつぶしてみましょう。

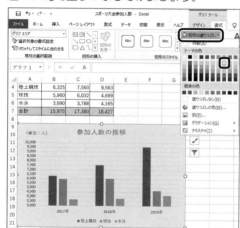

1. グラフ内をクリックします。
2. グラフエリアをクリックします。グラフエリアが選択されます。
3. [書式]タブの[図形の塗りつぶし][図形の塗りつぶし]ボタンの▼をクリックし、一覧から「ゴールド、アクセント4、白+基本色80%」（上から2番目、右から3番目）をクリックします。背景色が設定されます。

活用

データ系列の色も、グラフエリアやプロットエリアと同じ操作で変更できます。色を変えたいデータ系列を選択し、[書式]タブの[図形の塗りつぶし][図形の塗りつぶし]ボタンで色を選択します。縦棒グラフの棒をクリックすると、同じデータ系列の棒がすべて選択されるので、まとめて同じ色に変更できます。
1つの棒の色を変えたいときは、その棒を含むデータ系列を選択し、再度、目的の棒をクリックして、1つの棒だけが選択されていることを確認してから色を変更します。

活用

[グラフスタイル]を使うと、グラフ全体の配色をまとめて変更できます。[デザイン]タブの[グラフスタイル]の▽[その他]ボタンをクリックし、一覧から目的のスタイルを選択します。[グラフスタイル]を設定すると、個別に設定した書式は解除されます。

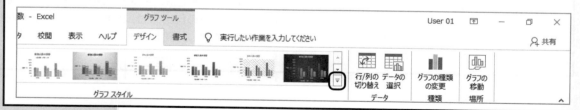

補助目盛線の追加

グラフの補助目盛線を追加するには、[縦(値)軸]を右クリックし、ショートカットメニューの[補助目盛線の追加]をクリックします。

●目盛線の線種の変更

ここでは、目盛線の線種を破線に変更してみましょう。最後にブックを上書き保存します。

1. 縦(値)軸目盛線をクリックします。目盛線が選択されます。
2. [書式]タブの [図形の枠線] [図形の枠線]ボタンの▼をクリックします。
3. 一覧から[実線/点線]をポイントし、一覧から[破線](上から4番目)をクリックします。目盛線が変更されます。

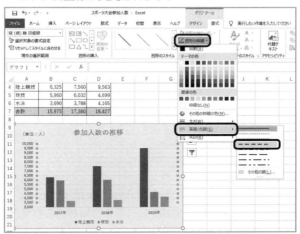

4. クイックアクセスツールバーの [上書き保存]ボタンをクリックして、ブックを上書き保存します。

活用

縦棒グラフの棒を太くしてデータを強調したいときは、データ系列(棒)を右クリックし、ショートカットメニューの[データ系列の書式設定]を選択します。[データ系列の書式設定]作業ウィンドウの[系列のオプション]で[要素の間隔]の数値(0～500%)を小さくすると、項目間が狭まり、棒の幅が広がります。

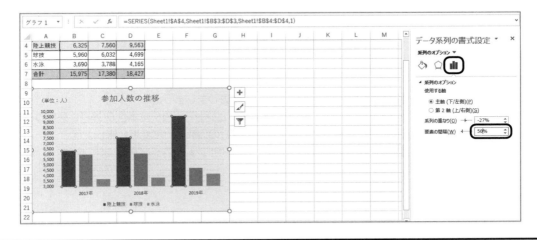

練習問題

問題 12-1

1. 入力内容を参考にデータを入力し、表を作成しましょう。
   - A列の列幅を「10.00」に変更する
   - 表に格子状の罫線を設定する
   - セルB3～F3は、文字をセルの中央に配置する
   - 表の1行目と5行目のセルは、背景色に「テーマの色」の「白、背景1、黒＋基本色15％」を設定する
   - 数値データに「3桁区切り」を設定する

入力内容

	A	B	C	D	E	F	G
1	古紙回収実績						
2							
3		4月	5月	6月	7月	合計	
4	新聞	998	1,258	1,475	1,682		
5	雑誌	1,354	1,547	1,705	1,603		
6	ダンボール	1,145	1,204	1,359	1,417		
7	合計						
8							

2. SUM関数を使って、縦横の合計を一度に求めましょう。
3. 月別に各古紙の回収実績を比べる3-D縦棒の3-D集合縦棒グラフを作成しましょう。
4. グラフの左上隅をセルA9に合わせて、グラフを表の下に配置しましょう。
5. [グラフタイトル]を「月別古紙回収実績」に変更し、フォントサイズを「12」に設定しましょう。
6. 縦軸に水平方向で「単位(kg)」という軸ラベルを付け、配置内容を参考にグラフのレイアウトを整えましょう。

配置内容

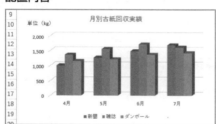

7. 縦軸目盛の最小値を「600」に変更しましょう。
8. 壁面を「テーマの色」の「緑、アクセント6、白＋基本色80％」で塗りつぶしましょう。
9. 縦(値)軸目盛線の色を「標準の色」の「濃い青」に変更しましょう。
10. 「B-L12-01」という名前で、[保存用]フォルダーに保存しましょう。

問題 12-2

❶入力内容を参考にデータを入力しましょう。
・セルA3～D3の背景色に「標準の色」の「薄い青」を設定し、表の1行目と各月の見出しをセルの中央に配置する

入力内容

	A	B	C	D
1	地域別年間平均気温			
2				
3		県北部	県中部	県南部
4	1月	1.3	3.1	6.2
5	2月	3	5	7.9
6	3月	4.5	6.5	9.4
7	4月	8.8	11.4	14.1
8	5月	14.4	16.7	19.5
9	6月	19	21.4	23.7
10	7月	21.4	23.9	26
11	8月	24.5	26.6	29.2
12	9月	21.8	24.4	27.1
13	10月	14	16.6	19.6
14	11月	7.5	9.3	12.7
15	12月	4.2	11.4	8.4

❷数値データに「0. 0」の表示形式を設定しましょう。
❸月別に気温の変化を表した2-D折れ線グラフ（マーカー付き折れ線）を作成しましょう。
❹セルF3～O19にグラフを配置しましょう。
❺[クイックレイアウト]の[レイアウト6]を設定して、グラフのレイアウトを変更しましょう。
❻[グラフタイトル]を「地域別の年間平均気温」に変更し、フォントサイズを「16」に設定しましょう。
❼縦軸のラベルを「気温」に変更し、縦書きに表示されるように設定しましょう。
❽横軸の目盛線に「補助目盛線」が表示されるように変更しましょう。
❾グラフエリアを「テーマの色」の「青、アクセント1、白＋基本色80％」で塗りつぶしましょう。
❿「B-L12-02」という名前で、[保存用]フォルダーに保存しましょう。

問題 12-3

❶入力内容を参考にデータを入力し、表を作成しましょう。
・A列の列幅を「13.00」に変更する
・セルB3～F3と「合計」のセルは、文字をセルの中央に配置する
・表の1行目と5行目のセルは、背景色に「標準の色」の「薄い緑」を設定する

入力内容

	A	B	C	D	E	F
1	月別マンション販売戸数					
2						
3		1月	2月	3月	4月	5月
4	八王子営業所	298	302	279	313	294
5	青梅営業所	255	195	228	255	260
6	日の出営業所	199	206	246	236	255
7	合計					
8						

❷SUM関数を使って、「合計」を求めましょう。
❸月別に合計を比較する2-D縦棒グラフ（集合縦棒）を作成しましょう。
❹セルA9～F24にグラフを配置しましょう。
❺[グラフタイトル]を「月別販売戸数」に変更し、フォントサイズを「12」に設定しましょう。
❻要素の間隔を「70％」に変更して、棒を太くしましょう。
❼縦軸の最小値を「50」に変更しましょう。
❽プロットエリアを「テーマの色」の「緑、アクセント6、白＋基本色80％」で塗りつぶしましょう。
❾「B-L12-03」という名前で、[保存用]フォルダーに保存しましょう。

201

総合問題　文書作成

1. 文書を新規作成し、文字数を[38]に、行数を[32]に設定しましょう。
2. 次のように文字を入力しましょう。

```
○○年 11 月 20 日

前中企画株式会社
総務部□人事課
佐野□芳樹□様


〒750-0019
山口県下関市丸山町 9-3-1
上水流□まどか


書類送付のご案内


拝啓□晩秋の候、貴社ますますご隆盛のこととお慶び申し上げます。
この度は、内定のご通知を頂き、誠にありがとうございます。
ご指示の通り、下記書類を送付させて頂きますのでご査収くださいますようお願い致します。
今後卒業に向けて大学での学業を進めていくと共に、来年4月に入社致しました際には、貴社に貢献できるよう精一杯頑張る所存です。何卒、ご指導のほど宜しくお願い申し上げます。

                                                                    敬具

                                記


                                                                    以上
```

3. ビジネス文書のルールに従って、発信日、発信者、件名の配置を変更しましょう。また、件名はフォントサイズを[16]ポイントに設定しましょう。
   郵便番号の行頭を約26字の位置に揃えます。
4. 発信者の姓に「かみずる」というルビを設定します。その際[オフセット]を[2pt]、[サイズ]を[7pt]にします。
5. 以下の内容を箇条書きにして、「記」の下に入力しましょう。

   > 内定承諾書と、健康診断書、卒業見込み証明書を1通ずつ送付します。

   ・箇条書きは、3項目にまとめます。
   ・箇条書きの行頭を約8字、項目内容（1通ずつ）の先頭を28字の位置にします。
   ・項目の字数が異なる場合は、均等割り付けを使って一番文字数の多い項目に文字列の幅を揃えます。
   ・行頭文字[●]の箇条書きに設定します。
6. 文書を「B-S01」という名前で[保存用]フォルダーに保存しましょう。

総合 2

❶ 文書を新規作成し、用紙サイズを[B5]に設定しましょう。
❷ 次のように文字を入力しましょう。

```
セミナーハウス利用申込書

申込日：
利用団体名：
代表者氏名：
学部/学科：
利用人数：
研修室の利用：

利用希望日
□□月□□日（□）から□□月□□日（□）
□□月□□日（□）から□□月□□日（□）
□□月□□日（□）から□□月□□日（□）

研修室料金
大セミナールーム　→　8,000 円
中セミナールーム　→　6,000 円
小セミナールーム　→　5,000 円
講堂　→　12,000 円
PC 実習室　→　21,000 円

通信欄
```

❸ 1行目の「セミナーハウス利用申込書」に次の書式を設定しましょう。
　・フォントサイズを[14]ポイント
　・フォントを[MSゴシック]
　・フォントの色を[テーマの色]の[白、背景1]
　・段落の背景の色を[標準の色]の[青]
❹「申込日：」から「研修室の利用：」に段落の罫線を設定しましょう。また、均等割り付けを使って[8文字]に文字列の幅を揃えましょう。
❺ 10行目の「利用希望日」に次の書式を設定しましょう。
　・フォントの色を[標準の色]の[薄い青]
　・[太字]
　・[下罫線]を設定する
　・[下罫線]の色を[標準の色]の[薄い青]
　・線の太さを[1.5]ポイント
　・[段落後]の間隔を[1行]
　・15行目の「研修室料金」、22行目の「通信欄」に、同じ書式をコピーする
❻ 11行目から13行目の「　月　日（　）から　月　日（　）」の行頭を約4字の位置に配置しましょう。

203

7 16行目から20行目の「大セミナールーム」から「PC実習室」について、下図を参考にタブとリーダーを設定しましょう。
・行頭を約4字の位置に配置
・金額の右側が30字の位置で揃うように、リーダー付きの右揃えタブを設定
・リーダーの種類は[……(5)]にする

```
大セミナールーム……………………………8,000 円
中セミナールーム……………………………6,000 円
小セミナールーム……………………………5,000 円
講堂……………………………………………12,000 円
PC実習室………………………………………21,000 円
```

8 文書を「B-S02」という名前で[保存用]フォルダーに保存しましょう。

1 文書[B-S03_入力済]を開きましょう。
2 文書を次のように設定します。
・1行目の「Vol.19」を「Vol.20」に変更します。
・3～5行目を下図のように変更します。

> セーターやコートが手放せなくなる季節ですね。
> 木枯らしが吹く日も増えてきました。本格的な冬の訪れに備えて、バランスの良い食事をとって、インフルエンザに負けない体づくりをしましょう。

3 テーマを[クォータブル]に変更しましょう。
※指定されたテーマが見あたらない場合は、他の任意のテーマを設定してください。
4 文書[月別ランチと商品]を開き、[B-S03_入力済]の以下の箇所を削除して、[月別ランチと商品]の文書を貼り付けましょう。
・1ページの文末
入力されている文書「マグカップをはじめ、…もあります。」を削除して[月別ランチと商品]の2ページにある「Vol.20」の月別おすすめ商品を貼り付けましょう。
・2ページの3～6行目
入力されている文書を削除して[月別ランチと商品]の「Vol.20」の月別おすすめランチメニューを貼り付けましょう。
5 1ページの17行目「●お得なパソコン購入」のフォントサイズを[12]ポイントの太字に、フォントの色に[テーマの色]の[紫、アクセント1]を設定し、「サブタイトル」というスタイル名をつけましょう。
6 スタイル「サブタイトル」を以下の文字に設定しましょう。
・1ページ20行目　　　「●パソコン講座のご案内」
・1ページ26行目　　　「●うれしい10%OFF」
・1ページ34行目　　　「●今月のおすすめ商品」
・2ページ2行目　　　　「●今月のおすすめランチプレート」
・2ページ16行目　　　「●今月のおすすめ講座」

入力例1

7 2ページ3～6行目のメニューの項目に、行頭文字[➢]の箇条書きに設定します。
8 箇条書きの行頭を約4字、項目内容の行頭を6字の位置にします。
9 2ページ7行目の「デザート付430円」のフォントを[太字]と[下線]に、フォントの色を[標準の色]の[紫]に設定して、行頭を約10字にしましょう。
10 2ページの「●今月のおすすめランチプレート」の右側に画像ファイル[ランチ]を挿入し、入力例1を参考にして回転させましょう。大きさは適宜調整します。
11 文末「●今月のおすすめ講座」の下に、Excelファイル[公開講座]の表を貼り付けましょう。
12 文書を「B-S03」という名前で[保存用]フォルダーに保存しましょう。

総合問題　プレゼンテーション

❶PowerPointを起動して新しいファイルを作成しましょう。
❷アウトライン機能で「提案の骨子」の階層構造を参考に、6枚のスライドにまとめましょう。

【提案の骨子】
・環境問題（表紙）

・大気汚染
　大気汚染の現状
　環境に与える影響
　身近な大気汚染対策

・海洋汚染
　汚染の拡散
　汚染の蓄積
　生物への影響
　海洋汚染への取り組み

・温暖化
　温暖化の原因物質
　ヒートアイランド調査
　生活への影響
　生体への影響
　温暖化対策

・森林破壊
　森林の現状
　森林減少の原因
　今後の取り組み

・酸性雨
　酸性雨の現状
　森林への影響
　国際的な取り組み

❸4枚目の「温暖化」のスライドの「ヒートアイランド調査」を削除しましょう。
❹1枚目の表紙のあとに「はじめに」というスライドを、スライドの最後に「おわりに」というスライドを追加しましょう。
❺任意のテーマを設定しましょう。
❻1枚目の表紙のスライドのレイアウトを[タイトルのみ]に変更して、「環境問題」をイメージできるような写真やイラストを貼り付けましょう。適当な画像がない場合は、画像ファイル[自然]を使用してください。
❼1枚目のスライドに挿入した写真やイラストがバランスよく収まるように、適宜大きさや配置を変更しましょう。
❽すべてのスライドにスライド番号を挿入しましょう。
❾「B-S04」という名前で[保存用]フォルダーに保存しましょう。

■1 [S05_就職活動]を開き、2枚目のスライドを表示しましょう。
■2 2枚目のスライドに、次の文章の内容を箇条書きにしてまとめましょう。

> 自己分析とは
> 自己分析は、自分がどういう人間なのか自分自身を知ることです。自分の性格や価値観、経験してきたことを整理してみましょう。
> 自分のことを「過去」、「現在」、「未来」という時系列に沿って分析していくといいでしょう。まず、今までのどのようなことを経験してきたか、過去の体験から学びとったことをピックアップしてみましょう。次に、現在の自分について客観的に分析してアピールできることを考えます。最後に、会社に入ったら、将来はどのようなことをしたいのか、また、こういう人間になりたいという目標を掲げましょう。

■3 5枚目のスライドを表示し、実際の就職活動で利用するエントリーシートの内容と、そこに記載するポイントをまとめましょう。必要に応じてレイアウトを変更しましょう。

■4 7枚目のスライドを表示し、レイアウトを[2つのコンテンツ]に変更し、コンテンツ用プレースホルダーに次の内容を入力しましょう。

> ・合同説明会
>   オープンセミナー
>   （誰でも参加できる）
> ・単独で開催する説明会
>   限定セミナー
>   （エントリーした人だけ参加できる）

> ・参加するメリット
>   効率的な情報収集
>   人事担当者と直接話ができる
>   紙媒体やインターネットの情報ではわかりづらい、企業の雰囲気がわかる

■5 [S05_就職活動の流れ]を開きましょう。
■6 ファイル[S05_就職活動の流れ]の2枚目のスライドを、[S05_就職活動]ファイルの1枚目のスライドのすぐあとにコピーして追加しましょう。
　※[表示]タブの[並べて表示]を利用しましょう。

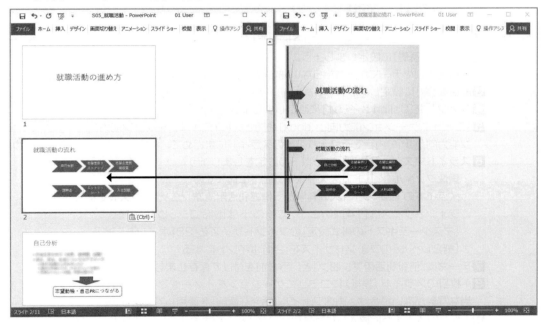

7 1枚目のスライドのレイアウトを[タイトルのみ]に変更して、企業や就職活動をイメージできるような写真を2～3枚挿入しましょう。適当な写真がない場合は、画像ファイル[就職活動1]、[就職活動2]、[就職活動3]を使用してください。

8 1枚目のスライドに挿入した写真は、適宜大きさを変更したりトリミングをしたりして配置し、任意のスタイルを設定しましょう。

9 「B-S05」という名前で[保存用]フォルダーに保存しましょう。

総合6

完成例

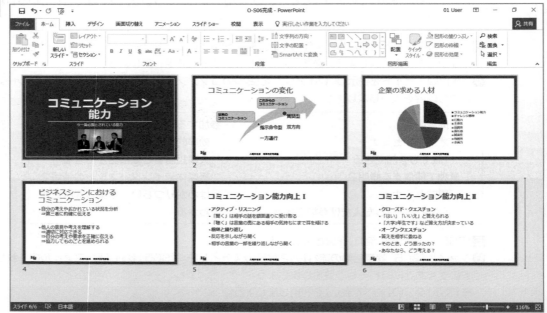

1 [S06_コミュニケーション能力]を開きましょう。

2 テーマを[基礎]に設定しましょう。
　※指定されたテーマが見あたらない場合は、他の任意のテーマを設定してください。

3 配色を[青]に設定しましょう。

4 フォントを[Calibriメイリオ]に設定しましょう。

5 [コミュニケーション能力向上.docx]を開き、「コミュニケーション能力向上Ⅰ」と「コミュニケーション能力向上Ⅱ」の内容をそれぞれ2枚のスライドにまとめて、4枚目のスライドの後に追加しましょう。

6 スライドマスターを使用して、以下の設定をしましょう。
　・画像ファイル[KJロゴ]をスライドの左下に挿入する
　・スライドの下部中央に「人間科学部　情報利活用講座」というテキストを挿入する
　　フォントサイズは[14]ポイント、フォントは[MSゴシック]にする
　・[マスターテキストの書式設定]のフォントサイズを[28]ポイントにする
　・[第2レベル]のフォントサイズを[24]ポイントにする

7 テーマに「情報利活用プレゼン」という名前を付けて保存しましょう。

8 1枚目のスライド(表紙)にコミュニケーションをイメージできるような写真を貼り付けましょう。適当な写真がない場合は、画像ファイル[活発な議論]を使用してください。

9 1枚目のスライドに挿入した写真がバランスよく収まるように、適宜大きさや配置を変更しましょう。

10 「B-S06」という名前で[保存用]フォルダーに保存しましょう。

総合問題　表計算

1 入力内容1を参考にデータを入力し、データの配置を整えましょう。
　・B～F列の幅を自動調整する
　・E列とG列の列幅を「10」にする

入力内容1

	A	B	C	D	E	F	G
1	模擬店売上						
2					売上金額合計		
3							
4				1日目		2日目	
5		商品	単価	数量	金額	数量	金額
6	飲み物	ホットコーヒー	150	56		79	
7		アイスコーヒー	180	72		86	
8		レモンティ	150	63		51	
9		ミルクティ	150	50		47	
10		オレンジジュース	200	47		38	
11		りんごジュース	200	33		45	
12	食べ物	クッキー	250	28		39	
13		カップケーキ	180	21		37	
14		オレンジケーキ	180	17		23	
15		シュークリーム	100	39		57	
16			合計				

2 セルA6～A11、セルA12～A15をそれぞれ結合して文字列を縦書きに表示し、A列の列幅を「3」に変更しましょう。

3 セルD4～E4、セルF4～G4をそれぞれ結合して文字列をセルの中央に配置しましょう。

4 入力内容2を参考にして、罫線を設定しましょう。

5 5行目の項目と、セルC16の文字列をセルの中央に揃え、塗りつぶしの色を[テーマの色]の[青、アクセント5、白＋基本色60％]に設定しましょう。

6 セルD4～G4に塗りつぶしの色を[テーマの色]の[青、アクセント1、白＋基本色40％]を設定しましょう。

7 セルA6～A11の塗りつぶしの色を[テーマの色]の[緑、アクセント6、白＋基本色40％]、セルA12～A15の塗りつぶしの色を[テーマの色]の[オレンジ、アクセント2、白＋基本色40％]に設定しましょう。

8 セルA1のタイトルのフォントサイズを12ポイント、太字、フォントの色を[標準の色]の[青]に設定しましょう。

入力内容2

	A	B	C	D	E	F	G	H
1	模擬店売上							
2					売上金額合計		156,930	
3								
4					1日目		2日目	
5		商品	単価	数量	金額	数量	金額	
6	飲み物	ホットコーヒー	150	56	8,400	79	11,850	
7		アイスコーヒー	180	72	12,960	86	15,480	
8		レモンティ	150	63	9,450	51	7,650	
9		ミルクティ	150	50	7,500	47	7,050	
10		オレンジジュース	200	47	9,400	38	7,600	
11		りんごジュース	200	33	6,600	45	9,000	
12	食べ物	クッキー	250	28	7,000	39	9,750	
13		カップケーキ	180	21	3,780	37	6,660	
14		オレンジケーキ	180	17	3,060	23	4,140	
15		シュークリーム	100	39	3,900	57	5,700	
16			合計	426	72,050	502	84,880	
17								

❾ セルE6〜E15、セルG6〜G15に、「単価」×「数量」の数式を設定して、金額を求めましょう。
❿ SUM関数を使って、セルD16〜G16に、数量と金額の合計を一度に求めましょう。
⓫ セルG2に1日目と2日目の売上金額の合計を求めましょう。
⓬ 数値データに[3桁区切り]を設定しましょう。
⓭ 「B-S07」という名前で、[保存用]フォルダーに保存しましょう。

総合
8

❶ 入力内容1を参考にデータを入力し、データの配置を整えましょう。
・A列の列幅を「15」にする
・B列〜F列の列幅を「10」にする

入力内容1

	A	B	C	D	E	F	G
1	アンケート調査結果(設備について)						
2							
3	施設・設備	大変満足	満足	普通	不満	大変不満	
4	教室	328	255	179	23	3	
5	図書館	423	237	110	17	1	
6	コンピュータ室	396	236	126	25	5	
7	学生食堂	231	239	277	32	9	
8	ラウンジ	457	234	75	21	1	
9	運動設備	216	384	150	32	6	

❷ セルA1のフォントサイズを「14」に変更し、[太字]を設定しましょう。
❸ セルA3〜F9に格子罫線を設定しましょう。
❹ セルA3〜F3の文字列をセルの中央に揃え、塗りつぶしの色を[標準の色]の[オレンジ]に設定しましょう。
❺ 次のグラフを参考に、セルA3〜F9を基に、アンケート調査の割合を表した100%積み上げ横棒グラフを作成し、セルA11〜F24に配置しましょう。

グラフ

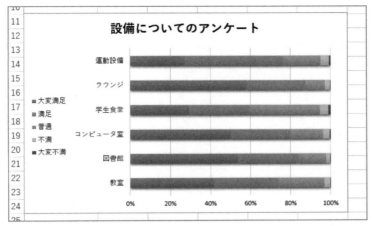

6 [グラフタイトル]を「設備についてのアンケート」に変更しましょう。
7 凡例を左に配置しましょう。
8 横棒グラフのスタイルを[スタイル11]に変更しましょう。
9 棒グラフの図形のスタイルを[枠線のみ - オレンジ、アクセント2]に設定しましょう。
10「B-S08」という名前で、[保存用]フォルダーに保存しましょう。

1 入力内容1を参考にデータを入力し、データの配置を整えましょう。
　・B〜I列の幅を自動調整する

入力内容1

	A	B	C	D	E	F	G	H	I	J	K	L	M
1	課題提出状況												
2										課題合計			
3													
4	出席番号	氏名	課題1	課題2	課題3	課題4	課題5	課題6	課題7	提出数	提出率	評価	
5		井上　美穂	○		○		○		○				
6		神原　祐樹	○	○		○		○	○				
7		工藤　慶介	○	○	○	○		○	○				
8		佐伯　佳奈美	○			○		○	○				
9		鈴木　小百合		○	○		○		○				
10		田辺　明	○		○		○		○				
11		内藤　麻衣子	○										
12		羽田　啓吾	○	○	○	○		○	○				
13		牧野　明子	○										
14		八木　徹		○	○	○		○					

2 オートフィルを使って、セルA5〜A14に「1001」から「1010」までのデータを入力しましょう。
3 以下のように罫線を設定しましょう。
　・セルA4〜L14は[格子]を設定したうえで[太い外枠]にする
　・セルK2は[太い外枠]にする
4 セルC5〜I14に中央揃えを設定しましょう。
5 セルA4〜L4に書式を設定しましょう。
　・中央揃えにする
　・塗りつぶしの色を[標準色]の[薄い緑]にする
　・フォントの色を[テーマの色]の[白、背景1]にする
6 セルJ5〜J14に、COUNTA関数を使って「○」の数をかぞえ、「提出数」を求めましょう。
7 セルK2に、COUNTA関数を使ってセルC4からI4の数をかぞえ、「課題合計」を求めましょう。

⑧ セルK5 〜 K14に、「提出率」を求めましょう。パーセントスタイルを設定して、小数点第1位まで表示します。

⑨ IF関数を使って、セルL5 〜 L14に、「提出率」が80%以上のときは「優良」、70%以上80%未満のときは、「普通」、70%未満のときは「不可」と表示しましょう。

⑩ 「B-S09」という名前で、［保存用］フォルダーに保存しましょう。

索引

コンピューターの基本操作

圧縮ファイル	12
～の展開	13
～の中身の確認	13
アプリケーションソフト	2
ウィンドウ	
～の移動	5
～の最小化	4
～のサイズ変更	5
～の最大化	4
オペレーティングシステム	2
キーの機能	17
シャットダウン	3
ショートカットキー	9, 17
［スタート］ボタン	3
スリープ	3
パスワードの変更	15
ファイル	6
～の圧縮	12
～の移動	8
～の拡張子	10
～のコピー	9
～の種類	10
～のパス	11
フォルダーの作成	6
ユーザーアカウント	15

文書作成

英数字

1 行目のインデント	40
IME パッド	26
PDF 形式で保存	28

あ行

移動	52, 53
印刷	31
印刷プレビュー	31
インデント	40
上書き保存	27

か行

箇条書き	56
下線	30
画像	71
～のスタイル	73
～の挿入	71
～の配置	72
記号の入力	25
行	65
～の高さ	68
～や列の挿入，削除	69
行間	58, 59
行頭文字	56
行番号の表示	24
均等割り付け	42
クイックアクセスツールバー	27, 30, 45, 51
罫線	53, 67
コピー	52, 53

さ行

社外文書	36
社内文書	37
住所の入力	25
書式のクリア	30
書式のコピー / 貼り付け	55
ズームスライダー	31
図形	74
図ツール	72
セル	65
～の結合	70
～の分割	70
挿入コントロール	66, 69

た行

タブ	42
単語登録	26
段落	29, 58
～の罫線	54
～の背景の色	53

213

段落間隔	58
段落番号	56, 58
中央揃え	39
中央揃えタブ	43
手書き入力	26

な行

名前を付けて保存	27
入力オートフォーマット機能	24, 39, 56

は行

貼り付け	52
左インデント	40
左揃えタブ	42
表	65
描画ツール	74
表ツール	66, 68
表内の文字列の配置	70
［ファイル］タブ	23, 27, 28, 31
フォント	30
フォントサイズ	30
フォントの色	30
太字	30
ぶら下げインデント	40
文書	
〜の保存	27
〜を閉じる	28
〜を開く	28
ページ設定	23
ページのレイアウト	23
編集記号	24

ま行

右インデント	40
右揃え	39
右揃えタブ	43
文字列の折り返し	72

ら行

リアルタイムプレビュー	30
リーダー	44
ルビ	45
列	65
列の幅	68
レポート	49

プレゼンテーション

英字

PowerPoint の起動	85

あ行

アイコン	126
〜の移動とコピー	128
〜の拡大と縮小	128
〜の種類	126
〜の挿入	127
〜の塗りつぶしの色の変更	129
〜の枠線の色の変更	129
アウトラインの表示	95, 100
イラスト	123
〜の移動とコピー	131
〜の色の変更	132
〜の拡大と縮小	131
〜の効果	123
〜の使用ポイント	124
〜の挿入	130
〜のトリミング	132
上書き保存	87

か行

箇条書きの途中への行の追加	92
箇条書きの入力	91
箇条書きのレベル変更	92
画面表示モードの切り替え	94
画面表示モードの種類	93
聞き手のニーズ	84
結論	100

コメント機能……………………………………… 95

さ行
写真
    〜の効果…………………………………… 125
    〜の縮小と移動…………………………… 134
    〜の使用ポイント………………………… 125
    〜のスタイル変更………………………… 136
    〜のトリミング…………………………… 135
写真ファイルの挿入………………………… 133
情報伝達のプレゼンテーション…………… 82
序論…………………………………………… 99
ストーリー構成……………………………… 99
スライド
    新しい〜の挿入………………………… 89, 90
    〜の移動…………………………………… 104
    〜の削除 96……………………………… 104
    〜の追加…………………………………… 102
    〜の途中追加……………………………… 103
    〜のレベル変更…………………………… 105
スライド全体のデザイン…………………… 108
スライドタイトルの入力…………………… 91
スライド番号の追加………………………… 92
スライドマスター……………………… 109, 115
    〜のフォントサイズ変更………………… 116
    〜のレイアウト修正……………………… 118
    〜へのテキスト挿入……………………… 117
    〜へのロゴ挿入…………………………… 117
スライドレイアウトの変更………………… 90
説得のプレゼンテーション………………… 82

た行
楽しませるプレゼンテーション…………… 82
ツリー図……………………………………… 100
テーマ………………………………………… 112
    〜の適用…………………………………… 113
    〜の保存…………………………………… 119
    ユーザー定義の〜………………………… 119

な行
名前を付けて保存…………………………… 86

は行
配色…………………………………………… 112
    〜の変更…………………………………… 113
表紙の作成…………………………………… 88
ファイルを開く……………………………… 87
フォントの種類……………………………… 110
フォントの変更……………………………… 114
プレゼンテーション………………………… 81
    〜の目的…………………………………… 82
プレゼンテーション企画シート…………… 83
本論…………………………………………… 99

ま行
メッセージの整理…………………………… 98

表計算

英数字
¥ の表示……………………………………… 154
3 桁区切り…………………………………… 154
AVERAGE 関数 ……………………………… 174
Excel の起動………………………………… 142
IFS 関数……………………………………… 181
IF 関数 ……………………………………… 180
MAX 関数 …………………………………… 176
MIN 関数 …………………………………… 176
OneDrive …………………………………… 145
PDF 形式で保存 …………………………… 146
ROUND 関数 ………………………………… 178
ROUNDDOWN 関数 ………………………… 178
ROUNDUP 関数 …………………………… 178
SUM 関数 …………………………………… 148

あ行
アクティブセル……………………………… 143
印刷の向きの設定…………………………… 166
印刷プレビュー……………………………… 166

215

上書き保存·································· 145
エラーインジケーター···················· 171
エラー値···································· 172
オートフィル································ 143
おすすめグラフ····························· 189

か行

下線·· 150
関数·· 148
関数のネスト······························ 182
行・列単位の選択························· 157
行の高さ····························· 157, 165
行番号····································· 143
行や列の移動······························ 160
行や列の削除······························ 159
行や列の挿入······························ 159
[クイック分析] ボタン ·················· 189
グラフエリア······························ 190
グラフシート······························ 191
グラフタイトル····················· 190, 193
グラフツール······························ 189
グラフ
　〜の移動································· 191
　〜のサイズ変更·························· 192
　〜の削除································· 191
　〜の作成································· 188
　〜の種類································· 188
　〜の編集································· 190
グラフ要素································· 190
罫線································· 151, 163

さ行

サイズ変更ハンドル······················ 192
最大値・最小値を求める·················· 176
軸ラベル····························· 190, 194
四則演算子································· 146
斜体·· 150
条件で値を判定する······················ 180
新規ブックの作成························· 142

数式·· 146
数式のコピー······························ 147
数式バー··································· 143
絶対参照······················ 147, 171, 173
セル参照··································· 147
セル
　〜内のデータの配置···················· 153
　〜の移動································· 158
　〜の結合································· 161
　〜のコピー······························ 158
　〜の背景色························ 152, 165
セル番地··································· 143
相対参照····························· 147, 171

た行

縦（値）軸································· 190
縦（値）軸目盛線························· 190
データ系列································· 190

な行

名前ボックス······························ 143
名前を付けて保存························· 145

は行

端数を四捨五入する······················ 178
凡例·· 190
比較演算子································· 180
引数·· 148
日付·· 144
表作成の流れ······························ 142
表作成のポイント························· 141
フィルハンドル····························· 143
フォント・フォントサイズ················· 149
複合参照··································· 172
複数の条件で値を判定する·············· 181
ブック
　〜の保存································· 145
　〜を閉じる······························ 146
　〜を開く································· 146

太字·· 150
フラッシュフィル··································· 144
プロットエリア··· 190
平均を求める··· 174
ページレイアウト····································· 166

ま行

目盛の設定·· 197
文字や数値の入力···································· 143
文字列の折り返し···································· 162
文字列の縦書き······································· 162
元に戻す·· 149

や行

用紙サイズの設定···································· 166
横（項目）軸··· 190

ら行

リアルタイムプレビュー···························· 149
列幅··· 157
列番号·· 143
連続データの入力···································· 144

■本書についての最新情報、訂正、重要なお知らせについては下記 Web ページを開き、書名もしくは ISBN で検索してください。ISBN で検索する際は-（ハイフン）を抜いて入力してください。

　　　https://bookplus.nikkei.com/catalog/

■本書に掲載した内容についてのお問い合わせは、下記 Web ページのお問い合わせフォームからお送りください。電話およびファクシミリによるご質問には一切応じておりません。
　なお、本書の範囲を超えるご質問にはお答えできませんので、あらかじめご了承ください。ご質問の内容によっては、回答に日数を要する場合があります。

　　　https://nkbp.jp/booksQA

情報利活用
基本演習 Office 2019 対応

2019 年　5 月 27 日　初版第 1 刷発行
2023 年　3 月　3 日　初版第 6 刷発行

著　　　　者	土岐 順子	
	山﨑 紅	
	阿部 香織	
	川上 恭子（株式会社イーミントラーニング）	
発 行 者	村上 広樹	
発　　　行	日経 BP	
	〒 105-8308　東京都港区虎ノ門 4-3-12	
発　　　売	日経 BP マーケティング	
	〒 105-8308　東京都港区虎ノ門 4-3-12	
執 筆 協 力	光信 知子	
	間久保 恭子	
装　　　丁 本文デザイン	株式会社 ZUGA	
制　　　作	今田 博史	
	持田 美保	
印　　　刷	大日本印刷株式会社	

・本書の無断複写・複製（コピー等）は著作権法上の例外を除き、禁じられています。購入者以外の第三者による電子データ化および電子書籍化は、私的使用を含め一切認められておりません。
・本書に記載している会社名および製品名は、各社の商標または登録商標です。なお、本文中に ™、® マークは明記しておりません。
・本書の例題または画面で使用している会社名、氏名、他のデータは、一部を除いてすべて架空のものです。

©2019 Junko Toki, Akashi Yamazaki, Kaori Abe, Kyoko Kawakami

ISBN978-4-8222-8611-8　　Printed in Japan